STARK

KLASSENARBEITEN

Latein Mittelstufe

MARIE-LUISE BOTHE

Umschlagbild: Cicero prangert Catilina vor dem Senat an; Foto: bpk/Scala

© 2016 Stark Verlag GmbH
www.stark-verlag.de
1. Auflage 2015

Das Werk und alle seine Bestandteile sind urheberrechtlich geschützt. Jede vollständige oder teilweise Vervielfältigung, Verbreitung und Veröffentlichung bedarf der ausdrücklichen Genehmigung des Verlages.

Inhalt

Vorwort

Hinweise und Tipps

1 Voraussetzungen	I
2 Autoren und Textgenera	II
3 Art, Umfang und Bewertung der Aufgaben	II
4 Hinweise zur Bearbeitung der Übersetzungsaufgabe	III
5 Anforderungsbereiche und Arbeitsanweisungen in den Zusatzaufgaben	IV
6 Hinweise zum Einsatz des Übungsbuches	VI
7 Informationen zu den römischen Autoren	VII

Klassenarbeiten 8./9. Klasse

Übungsaufgabe 1: Phaedrus I (Phaedr. 1, 5) 1
Poetische Texte: Fabeln
Themenbereich: Fabelhaftes – Fiktionales – Spannendes

Übungsaufgabe 2: Phaedrus II (Phaedr. 1, 3) 6
Poetische Texte: Fabeln
Themenbereich: Fabelhaftes – Fiktionales – Spannendes

Übungsaufgabe 3: Caesar I (Caes. B.G. 4, 1–3) 12
Politisch-historische Texte: Commentarius
Themenbereich: Macht und Politik

Übungsaufgabe 4: Caesar II (Caes. B.G. 4, 18 f.) 18
Politisch-historische Texte: Commentarius
Themenbereich: Macht und Politik

Übungsaufgabe 5: Nepos I (Nep. Them. 1, 3–4) 24
Politisch-historische Texte: Biografien
Themenbereich: Macht und Politik

Übungsaufgabe 6: Nepos II (Nep. Alc. 1, 1–4) 29
Politisch-historische Texte: Biografien
Themenbereich: Macht und Politik

Übungsaufgabe 7:   Catull I (Catull c. 86/c. 43) 34
  Poetische Texte: Römische Liebesdichtung
  Themenbereich: Liebe, Laster, Leidenschaft
Übungsaufgabe 8:   Catull II (Catull c. 109/c. 87) 39
  Poetische Texte: Römische Liebesdichtung
  Themenbereich: Liebe, Laster, Leidenschaft

Klassenarbeiten 10. Klasse

Übungsaufgabe 9:   Plinius I (Plin. epist., 4, 6) 44
  Politisch-historische Texte: Römische Briefliteratur
  Themenbereich: Rede und Brief – Kommunikation in der Antike
Übungsaufgabe 10: Plinius II (Plin. epist., 2, 8) 49
  Politisch-historische Texte: Römische Briefliteratur
  Themenbereich: Rede und Brief – Kommunikation in der Antike
Übungsaufgabe 11: Plinius III (Plin. epist., 7, 5) 55
  Politisch-historische Texte: Römische Briefliteratur
  Themenbereich: Rede und Brief – Kommunikation in der Antike
Übungsaufgabe 12: Ovid I (Ov. Met. 10, 50–59) 59
  Poetische Texte: Epos
  Themenbereich: Mythos – Verwandlung und Spiel
Übungsaufgabe 13: Ovid II (Ov. Met. 3, 393–401) 65
  Poetische Texte: Epos
  Themenbereich: Mythos – Verwandlung und Spiel
Übungsaufgabe 14: Ovid III (Ov. Met. 8, 684–694) 70
  Poetische Texte: Epos
  Themenbereich: Mythos – Verwandlung und Spiel
Übungsaufgabe 15: Cicero I (Cic. Catil. 2, 1) 76
  Politisch-historische Texte: Briefliteratur
  Themenbereich: Rede und Brief – Kommunikation in der Antike
Übungsaufgabe 16: Cicero II (Cic. Verr. II 2, 2–5) 82
  Politisch-historische Texte: Briefliteratur
  Themenbereich: Rede und Brief – Kommunikation in der Antike
Übungsaufgabe 17: Cicero III (Cic. Verr. II 5, 161–162) 88
  Politisch-historische Texte: Briefliteratur
  Themenbereich: Rede und Brief – Kommunikation in der Antike

Autorin: Marie-Luise Bothe

Vorwort

Liebe Schülerin, lieber Schüler,

der vorliegende Band ermöglicht Ihnen, sich selbstständig und gezielt auf anstehende Klassenarbeiten vorzubereiten. Er enthält eine Sammlung von vielfältigen Übungsaufgaben im Stil von Klassenarbeiten, die alle **wichtigen Autoren** der Mittelstufe abdecken.

- Um die gestellten Aufgaben treffsicher zu bearbeiten und die erwarteten Lösungen zu erreichen, erhalten Sie **Hinweise zur Bearbeitung** der Übersetzungs- und Interpretationsaufgaben sowie wertvolle **Informationen** zu den **Autoren**.
- Den Hauptteil dieses Bandes machen die **Übungsaufgaben** im Stil von Klassenarbeiten aus, die mit Übersetzungshilfen und differenzierten Interpretationsaufgaben angereichert sind.
- Vollständige **Lösungen** bieten Ihnen die Möglichkeit, Ihr Wissen zu überprüfen.
- Hilfreiche Tipps zu den jeweiligen **Anforderungsbereichen** und notwendigen **Bearbeitungsschwerpunkten** sind markiert und den Lösungen der Aufgaben vorangestellt.
- Anhand der **Bewertungshinweise** unter den einzelnen Interpretationsaufgaben können Sie überprüfen, ob Sie die nötigen Anforderungen erreicht haben.

Viel Spaß beim Üben und viel Erfolg bei der nächsten Klassenarbeit!

Marie-Luise Bothe

Hinweise und Tipps

1 Voraussetzungen

Die Klassenarbeiten des Ihnen vorliegenden Übungsbandes beziehen sich auf Autoren und Inhalte, die im Lateinunterricht der Mittelstufe (Klasse 8/9 und 10) nach Abschluss der Lehrbuchphase schwerpunktmäßig behandelt werden.
Einige der vorkommenden **Autoren** und **Textarten** sowie den betreffenden **historischen und kulturellen Hintergrund** werden Sie schon im letzten Jahr der Lehrbuchphase beim Übergang zur Lektüre anhand von überarbeiteten Texten oder Originaltexten kennengelernt haben. Sie können bei der Arbeit mit Texten des vorliegenden Bandes auf diesbezügliches Wissen, das im Rahmen des Lektüreunterrichts der Mittelstufe erweitert wird, zurückgreifen.
Auch die Einführung in die **Benutzung eines lateinisch-deutschen Wörterbuchs** erfolgt meist zu Ende der Lehrbuchphase. Dort erfahren Sie, wie man gezielt mit dem Wörterbuch arbeitet. Mit Beginn der Lektüre wird der Umgang mit dem Wörterbuch geübt und in der Regel wird es ab Stufe 10 bei Klassenarbeiten eingesetzt. Sie sollten auf jeden Fall die Vokabeln des Lehrbuchs, die den **Grundwortschatz** darstellen, beherrschen, sodass Sie auch ohne Benutzung des Wörterbuchs Texte übersetzen können. (Im vorliegenden Band trifft das für die Übungsaufgaben 1–8 zu.) Einen speziellen Autorenwortschatz erwerben Sie während der Lektüre im Unterricht. Wichtig ist ferner, dass Sie in der **Grammatik** fit sind: Formen im Bereich der Konjugation und Deklination sowie Besonderheiten der Syntax wie *AcI, NcI, Participium coniunctum, Ablativus absolutus, Gerundium* und *Gerundivum* sollten Sie analysieren und übersetzen können. Einzelne Themen können Sie anhand Ihrer Grammatik wiederholen.
Texterschließungs- und Übersetzungsmethoden, die Sie in der Lehrbuchphase kennengelernt haben, werden auch bei Originaltexten angewandt. Es empfiehlt sich, die Möglichkeiten und Schritte vor der Bearbeitung einer Übersetzungsaufgabe noch einmal nachzulesen.
Zusatzaufgaben verschiedener Art (Grammatikaufgaben zu Formen und Syntax, themenbezogene Sachkundeaufgaben, Aufgaben zur Textbeschreibung und/oder Textdeutung) haben Sie auch schon bei der Beschäftigung mit Lehrbuchtexten und in den zugehörigen Klassenarbeiten bearbeitet. Im Rahmen der Lektüre haben die textbezogenen Aufgaben, die sich auf Interpretation beziehen, einen höheren Stellenwert. Eventuell finden Sie eine Zusammenstellung möglicher Aufgaben mit Erklärung in Ihrem Lehrbuch. Sie sollten sich mit sprachlich-stilistischen Mitteln und ihrer Funktion auskennen.

2 Autoren und Textgenera

Der Übungsband enthält Klassenarbeitstexte für die Mittelstufe (Klassen 8, 9 und 10).

- Autorenüberblick (Kurzinformationen zu Autoren und Werken finden Sie auf den Seiten IX ff.):
  - Phaedrus
  - Caesar
  - Nepos
  - Catull
  - Plinius
  - Ovid
  - Cicero
- Textgenera:
  - poetische Texte (Phaedrus, Catull, Ovid),
  - Prosatexte (Caesar, Nepos, Plinius, Cicero)

3 Art, Umfang und Bewertung der Aufgaben

Die Aufgabenstellung besteht aus zwei Teilen, einer Übersetzung und den Zusatzaufgaben. Die Übungsaufgaben sind für eine Bearbeitungszeit von zwei Unterrichtsstunden (90 Minuten) angelegt.

Zur Übersetzung:
Die Texte haben einen Umfang von 65 bis 80/85 Wörtern. Es gibt einen Hinweis zum Autor und eine Texthinführung, die kürzer oder länger sein kann, evtl. auch eine Übersetzung als Einleitung oder Schluss des Textes. Unter dem Text stehen Übersetzungshilfen, die für Klasse 8/9 umfangreicher sind als für Klasse 10, da hier in der Regel das Wörterbuch eingesetzt wird. **Ein Tipp:** Setzen Sie 2/3 der Arbeitszeit für die Übersetzung an; lesen Sie Ihre Übersetzung genau durch und vergleichen Sie jeden Satz mit der lateinischen Textvorlage. Kontrollieren Sie auf Vollständigkeit, indem Sie z. B. mit dem Bleistift jedes Wort/jede Wortgruppe im lateinischen Text antippen, das/die Sie in Ihrer Übersetzung wiederfinden. Informieren Sie sich zur Übersetzungsaufgabe im Kapitel 4 dieses Bandes.

Zu den Zusatzaufgaben:
Die Aufgaben stehen in einem Zusammenhang mit dem Übersetzungstext und beanspruchen eine Arbeitszeit von 1/3 der Gesamtzeit. Es handelt sich um 3 bis 4 unterschiedliche Aufgaben, die voneinander unabhängig sind, aber auch in a und b unterteilt sein können und somit aufeinander bezogen sind.
Zur Art der Aufgaben, von denen eine sich evtl. auf die Grammatik einer Textstelle beziehen kann, die vorwiegend aber Textbeschreibung, Textdeutung, Bezug zum kulturellen Hintergrund etc. betreffen, informieren Sie sich im Kapitel 5 des vorliegenden Bandes.

Zur Bewertung:
Die Übersetzungsleistung und die Leistung in den Zusatzaufgaben werden im Verhältnis 2:1 entsprechend des Umfangs der angesetzten Arbeitszeit bewertet. Dabei ist die Note für die Übersetzungsleistung abhängig von der Wortzahl des Textes: Für die Klasse 8/9 liegt die Fehlergrenze für die Note „ausreichend" bei 12% der Wortzahl, für die Klasse 10 wegen der Benutzung des Wörterbuchs bei 10%. Die entsprechende Fehleranzahl ist jeweils unter der Musterlösung angegeben.
Bei den Zusatzaufgaben gilt für die Note „ausreichend", dass die Hälfte der Gesamtpunktzahl erreicht sein muss. Unter den Musterlösungen der einzelnen Aufgaben ist jeweils angegeben, was für die Hälfte der Punktzahl zu leisten ist.

4 Hinweise zur Bearbeitung der Übersetzungsaufgabe

- Lesen Sie genau die dem Text vorangestellte **Einleitung**, durch die Sie etwas über den Autor, evtl. das Werk/die Textart oder das Thema erfahren. Eventuell wird auch bei einem Text durch Übersetzung oder Zusammenfassung der einer Textstelle vorausgehenden Passage ein inhaltlicher Zusammenhang hergestellt. Auch die Übersetzungshilfen können einen Anhaltspunkt für einen inhaltlichen Aspekt liefern. **Ein wichtiger Tipp:** Werfen Sie auch einen Blick auf die **Zusatzaufgaben**! Manchmal werden Sie durch die Aufgabenstellung auf die inhaltliche oder funktionale Besonderheit einzelner Abschnitte hingewiesen und erhalten dadurch eine Hilfe für die Sinnerschließung bei der Übersetzung.

- Lesen Sie nun den ganzen Text aufmerksam durch und verdeutlichen Sie sich optisch (z. B. durch Markieren) wesentliche **Elemente der Syntax**: Prädikate, Haupt- und Gliedsätze, satzwertige Verbalkonstruktionen wie *AcI, Participium coniunctum, Ablativus absolutus, Gerundium* und *Gerundivum* – wobei zunächst nur die jeweiligen infiniten Verbformen zu kennzeichnen sind, die genauere Klärung gehört zur Satzfeinanalyse bei der Übersetzungsarbeit. Achten Sie auf Satzarten (Fragesätze und/oder Aufforderungen) und Personenformen (Imperative).

- Versuchen Sie, möglichst auch schon autorenspezifische **Text- bzw. Stilelemente** zu erkennen. Sie finden diesbezügliche Hinweise in dem Kapitel „Informationen zu den römischen Autoren".

- Denken Sie daran, dass bei **poetischen Texten** mit Hyperbata (oft auch über einen Vers hinweg) zu rechnen ist. Kennzeichnen Sie Zusammengehöriges durch Bögen, Pfeile oder andere grafische Zeichen. Längen und Kürzen der Silben bieten hier eine zusätzliche Hilfe, daher sollten Sie das Versmaß des Hexameters und Pentameters gut beherrschen.

- Machen Sie sich jetzt an die **Übersetzung**. Gehen Sie satzweise vor unter Berücksichtigung der obigen Ergebnisse und der Übersetzungshilfen, Wortgruppen sind Sinngruppen; übernehmen Sie diese im Zusammenhang. Ziehen Sie das **Wörterbuch** (in der Regel ab Klasse 10) erst heran, wenn Sie sich ein möglichst genaues Verständnis des syntaktischen und inhaltlichen Satzzusammenhangs verschafft haben.

- Achten Sie immer auf den **Kontext:** Was wird im vorhergehenden Satz bzw. im bisherigen Text gesagt? Lassen Sie im Konzept Platz zwischen den Sätzen (für jeden Satz eine neue Zeile nehmen!) und eine genügend große Lücke für Stellen, die Sie zunächst nicht verstehen. **Hierzu ein Tipp:** Manchmal hilft eine in Gedankenstriche gesetzte grammatikalisch richtige bzw. möglichst wörtliche Übertragung der Wortgruppe.

- Belassen Sie, wenn möglich, die erste Stelle eines lateinischen Satzes (nach einem Konnektor) auch in der Übersetzung; so können Sie den Stil/die Intention des Autors nachempfinden. Ebenso sollten Sie nach Möglichkeit die Reihenfolge der Wortgruppen bzw. der Aussagen übernehmen.

- Das **Ziel** Ihrer Übersetzungsarbeit ist eine vollständige deutsche Wiedergabe, die dem Sinn des Textes gerecht wird, an der **Zielsprache** orientiert ist – d. h. die Normen und Konventionen der deutschen Sprache beachtet – sowie die Intention des Autors und den historischen Hintergrund berücksichtigt.

5 Anforderungsbereiche und Arbeitsanweisungen in den Zusatzaufgaben

Die erwarteten Leistungen werden nach Anforderungsbereichen differenziert. Diese stellen eine Steigerung von I bis III dar, wobei die Leistungen der niedrigeren Bereiche von den höheren jeweils mit beinhaltet werden.

Der **Anforderungsbereich I** (AFB I) umfasst die Wiedergabe von Kenntnissen und Sachverhalten aus einem abgegrenzten Gebiet sowie die Beschreibung und Verwendung von gelernten Arbeitstechniken.

Der **Anforderungsbereich II** (AFB II) umfasst das Anwenden von Kenntnissen, d. h. selbstständiges Auswählen, Anordnen, Verarbeiten und Darstellen bekannter Sachverhalte und Übertragen auf vergleichbare neue Situationen.

Der **Anforderungsbereich III** (AFB III) umfasst planmäßiges Verarbeiten komplexer Gegebenheiten, wobei geeignete Methoden selbstständig ausgewählt werden müssen. Ziel ist es, zu einer selbstständigen Lösung, Deutung, Wertung zu gelangen.

Es folgt eine Übersicht über die Arbeitsanweisungen (= Operatoren) mit jeweils einem Beispiel.

Operator	AFB	Beispiel
Nennen	I	Nennen Sie unter Verwendung der Fachbegriffe die Gliederungselemente einer Fabel und deren Funktion. (Ü1,1)
Metrisch analysieren	I	Analysieren Sie das Distichon V. 5/6 von Text A metrisch. (Ü8,1b)
Benennen	I–II	Benennen und beschreiben Sie das rhetorische Stilmittel, das durch die dichterische Wortstellung in V. 3 entsteht. (Ü2,2b)

Operator	AFB	Beispiel
Zusammenstellen	I–II	Stellen Sie die Prädikate der wörtlichen Rede nach Tempus bzw. Modus zusammen. (Ü14,2)
Ordnen	I–II	Ordnen Sie den Gliederungselementen einer Fabel die einzelnen Textteile zu. (Ü1,1)
Beschreiben	I–II	Beschreiben Sie, welche Bedeutung der Besitz von Landgütern für die römische Oberschicht der Republik und der Kaiserzeit hatte. (Ü9,2a)
Analysieren	I–II	Analysieren Sie die besondere Wortstellung und die Verwendung eines rhetorischen Stilmittels in Z. 1. (Ü6,1)
Darstellen	I–II	Stellen Sie dar, was ein Römer wie Plinius unter den Lebensformen *otium* und *negotium* versteht. (Ü10,1)
Zusammenfassen	I–II	Fassen Sie die Aussagen der Abschnitte zusammen. (Ü9,1)
Belegen	II	Belegen Sie anhand sprachlich-stilistischer Mittel in den Zeilen 8–10, dass Cicero der Provinz Sizilien einen besonderen Stellenwert beimisst. (Ü16,3)
Erklären	II	Erklären Sie, was der Dichter mit der Moral dieser Fabel sagen möchte. (Ü1;4)
Gliedern	II	Gliedern Sie den lateinischen Text in vier Sinnabschnitte. (Ü12,1)
Herausarbeiten	II	Arbeiten Sie zwei Beispiele heraus, die belegen, dass Alcibiades reich war. (Ü6,3b)
Gestalten/ Entwerfen	II–III	Entwerfen Sie auf Deutsch einen passenden Fortsetzungssatz zu Text B. (Ü8,3c)
Erläutern	II–III	Erläutern Sie, wie Cicero die Stimmung des Verres durch Verwendung rhetorischer Stilmittel kennzeichnet. (Ü17,1b)
Begründen / Nachweisen	II–III	Weisen Sie anhand ausgewählter Textstellen nach, dass der Dichter Verständnis für Orpheus hat. (Ü12,4)
Deuten	II–III	Deuten Sie die Aussage *Ipse in forum venit* (Z. 1) unter Bezugnahme auf die Texthinführung. (Ü17,1a)
Nachweisen / Zeigen	II–III	Weisen Sie anhand zwei stilistischer Mittel nach, dass Cicero Catilina als Gefahr für die römische Republik charakterisiert. (Ü15,2a)
Stellung nehmen/Bewerten	II–III	Bewerten Sie die Tatsache, dass der Senat Cicero nach dem endgültigen Sieg über die Catilinarier mit dem Ehrentitel *pater patriae* auszeichnete. (Ü15,4)
Beurteilen	II–III	Beurteilen Sie, welche Bedeutung der hier beschriebenen Situation in der heutigen Zeit zukommt. (Ü10,4)
Diskutieren	II–III	Diskutieren Sie unter Bezug auf entsprechende Textstellen, inwieweit die Aussage zutrifft, Cicero habe während seines Konsulats den Staat aus einer Notlage gerettet. (Ü15,3)
Untersuchen / Analysieren	II–III	Untersuchen Sie den Tempusgebrauch in dem Satz Z. 3–5 hinsichtlich seiner Aussageabsicht. (Ü17,2a)

Operator	AFB	Beispiel
Erörtern	III	Erörtern Sie die Aussage möglicher politischer Gegner, hinter Themistokles' Handeln stecke politisches Kalkül. (Ü5,5)
Interpretieren	III	Interpretieren Sie die Haltung der Götter vor dem Hintergrund der Metamorphosen. (Ü12,3)

Wichtige Tipps:
Achten Sie beim Bearbeiten der Zusatzaufgaben genau auf die Formulierung der Arbeitsanweisung. Bei Bezug auf den vorliegenden Text ist immer die Zeilenangabe, je nach Aufgabe auch die Zitierung der lateinischen Textstelle, erforderlich. Rhetorische Stilmittel sind nicht nur zu benennen und zu analysieren, sondern auch im Textzusammenhang in ihrer Funktion zu deuten und in ihrer Wirkung zu werten.

6 Hinweise zum Einsatz des Übungsbuches

- Die Übungsaufgaben liegen Ihnen im vorliegenden Band in der Form einer üblichen Klassenarbeit vor. Unter dem Text steht zusätzlich die Angabe der **Wortzahl** und hinter den Zusatzaufgaben finden Sie jeweils die erreichbaren **Bewertungspunkte**. Sie können den vorliegenden Band zur Kurzinformation über Autoren und Themen und zur Wiederholung der Methoden der sprachlichen und inhaltlichen Textarbeit nutzen. Sie haben die Möglichkeit, sich zusätzlich mit den Besonderheiten eines Autors und den Anforderungen zugehöriger Themen zu befassen, falls Übereinstimmungen mit dem laufenden Unterricht vorliegen.

- Vor der Musterlösung jeder Aufgabe einschließlich der Übersetzungsaufgabe stehen zunächst hilfreiche **Hinweise**, wie Sie an die Aufgabe herangehen sollen. Ferner findet sich immer die Angabe des **Anforderungsbereiches**. Sie können zur Übung demnach jeweils die Hinweise durchlesen und anschließend die entsprechenden Aufgaben lösen und dann die Ergebnisse mit der Musterlösung vergleichen. Wenn Sie schon genügend Erfahrung mit dem Autor und dem Thema haben, sollten Sie versuchen, ohne diese Hilfen zu einer Lösung zu kommen, und Ihr Ergebnis unter nachträglicher Auswertung der Hinweise überprüfen.

- Die Übungsaufgaben erheben keinen Anspruch auf Vollständigkeit, sie stellen vielmehr eine **repräsentative Auswahl** von Autoren bzw. Texten für die Mittelstufe dar. Sie bieten zusätzliches Übungsmaterial, ersetzen aber nicht die unterrichtliche Vor- bzw. Nachbereitung.

7 Informationen zu den römischen Autoren

Phaedrus (15. v. Chr. – 55 n. Chr.)

1. Was weiß man über Phaedrus?
- Phaedrus stammte aus Griechenland und zwar aus der römischen Provinz Makedonien. Er kam als Sklave in das Haus des Kaisers Augustus, vermutlich als Hauslehrer, und wurde von diesem später freigelassen. Sein literarisches **Vorbild** ist der griechische Dichter **Aesop** (6. Jh. v. Chr.), der ebenfalls Sklave gewesen war und Fabeln in Vers- und in Prosaform geschrieben hat.
- Phaedrus hat die **Textart** „**Fabel**" nach Rom gebracht. Er begründet die Bevorzugung der Fabeldichtung mit folgender Aussage: *„Der bedrängte Sklave, der nicht zu sagen wagte, was er wollte, übertrug seine Gefühle in Fabeln und entging der Verfolgung durch zweideutige Aussagen."* Der Dichter sah sich selbst in einer solchen Situation, da er von einem Freund des Kaisers Tiberius, der sich durch die Fabeln persönlich beleidigt fühlte, angeklagt worden war.
- Das **Werk** des Phaedrus umfasst 145 Fabeln in **fünf Büchern**. Seine Fabelmotive kommen auch bei späteren Schriftstellern vor. Zu nennen sind hier der französische Dichter Jean de la Fontaine (1621–1695) und der deutsche Schriftsteller Gotthold Ephraim Lessing (1729–1781), der Fabeln in Prosaform geschrieben hat.

2. Was sind Kennzeichen einer Fabel und wie ist sie aufgebaut?
- In einer Fabel treten meist **Tiere als Handlungsträger** auf. Die Tiere, die wie Menschen denken, handeln oder reden, sind kennzeichnend für bestimmte **Wesensmerkmale** oder Charaktere; z. B. steht der Fuchs für Schlauheit, der Esel für Dummheit, der Löwe für Gefährlichkeit. In der Regel stehen die Tiere in einem Gegensatz zueinander und geraten in einen Konflikt.
- Fabeln sind nach einem bestimmten Schema aufgebaut. Man unterscheidet zwei große Teile, den **Sachteil** und den **Bildteil:**
  – Der **Sachteil** besteht in der **Moral**, einem belehrenden Spruch, der entweder am Anfang steht – dann nennt man ihn „**Promythion**" (griech.: vorangestellter Spruch) – oder am Schluss zu finden ist – dann spricht man von „**Epimythion**" (griech.: nachgestellter Spruch). Die Moral, die in der Regel aus zwei (manchmal auch aus einem oder drei) Versen besteht, lässt sich wegen dieser Anordnung schnell erkennen. Auch inhaltlich unterscheidet sich der Sachteil vom Bildteil, da hier nicht die Handlungsträger der Geschichte vorkommen, sondern eine allgemeine Übertragung auf Menschen bzw. besondere Charaktere oder Situationen erfolgt. In diesem Zusammenhang kann der Dichter auch von sich selbst sprechen – dann kommen Formen oder Pronomina der 1. Person Singular vor – oder den Leser ansprechen (2. Person Singular).
  – Im **Bildteil** treten die Handlungsträger, in der Regel Tiere, auf. Es wird eine kurze Geschichte erzählt, die aus Einleitung, Hauptteil und Schluss besteht. In der Einleitung wird die **Situation** dargestellt („**expositio**"): der Leser erhält die Information über die Handlungsträger, den Ort und den Anlass für das weitere

Geschehen. Der Hauptteil enthält die Darstellung eines Konflikts und besteht in der Regel aus **Handlung/Rede** und **Gegenhandlung/Gegenrede** („actio – reactio"). Der Bildteil endet mit dem Schluss, der das **Ergebnis** bzw. den Ausgang des Konflikts nennt („**eventus**").

3. **Wie geht man bei einer Fabel an die Übersetzungsarbeit heran?**
   - Eine Fabel erkennen Sie außer an einem Hinweis auf Autor und Werk in der Regel auch am **Titel**: Als Überschrift werden Tiere genannt. Da Sie Fabeln nicht nur aus der aktuellen Lateinlektüre, sondern auch aus dem Deutschunterricht kennen, werden Sie mit den genannten Tieren eine bestimmte Vorstellung verbinden, die Ihnen bei der Textarbeit von Nutzen sein kann, da Sie Erwartungen an die Charakterisierung und das Verhalten der Handlungsträger richten.
   - Lassen Sie sich bei der Texterschließung und **Übersetzung** nicht von voreiligen Schlüssen leiten, sondern gehen Sie **systematisch** vor: Stellen Sie Satzgrenzen und Satzarten fest; die Satzzeichen und Konnektoren – Konjunktionen und Subjunktionen – helfen Ihnen dabei. Kennzeichnen Sie Prädikate durch Unterstreichen, kreisen Sie Konjunktionen ein, umrahmen Sie Subjunktionen und setzen Sie am Ende eines Gliedsatzes z. B. eine eckige Klammer; überprüfen Sie, ob zu einem Prädikat ein Subjektswort vorhanden ist; unterstreichen Sie dieses gestrichelt oder in einer anderen Farbe als die Prädikate; kontrollieren Sie, ob es in einem Satz eine Infinitiv- oder Partizipialkonstruktion gibt, und trennen Sie sie z. B. durch Klammern ab.
   Beachten Sie zu jedem Satz die **Übersetzungshilfen**; sie sind evtl. für die grammatische Analyse von Bedeutung – z. B. bei Kasusangaben oder wenn man ein Wort ergänzen soll. Außerdem können sie durch die Vokabelangaben evtl. erste Hinweise auf Sachbereiche des Textes bieten.
   - Eine Fabel ist in **Versen** geschrieben, gehört also in den Bereich der **Dichtung**. Bei einem poetischen Text kommt Ihnen entgegen, dass – anders als in der Prosa – die Sätze in der Regel kurz sind und oft nur einen Vers, evtl. zwei umfassen. Die Übersetzung wird für Sie leichter überschaubar und ist schneller mit der Textvorlage zu vergleichen, wenn Sie für jeden Satz bzw. Vers eine neue Reihe anfangen.
   - Allerdings gibt es **dichterische Besonderheiten**, die man beachten muss; hier einige Beispiele:
     – die Wortstellung von Subjekt und Prädikat entspricht nicht immer den üblichen Regeln;
     – eine Subjunktion steht nicht immer am Anfang eines Gliedsatzes;
     – Adjektive können substantiviert sein;
     – statt der Perfektendung *-erunt* für die 3. Person Plural kann die Kurzform *-ere* stehen.
     – mit gehäuftem Auftreten von sprachlich-stilistischen Mitteln (besondere Wortwahl, auffällige Wortstellung, Verwendung rhetorischer Stilmittel …) ist zu rechnen.
   - Nach dem ersten Durchlesen des Textes sollten Sie auch einen Blick auf die

Interpretationsaufgaben werfen. Zu bestimmten Textstellen erfahren Sie womöglich einen Hinweis, der Ihnen bei der Übersetzung weiterhelfen kann.

Gaius Iulius Caesar (100 – 44. v. Chr.)
1. Was weiß man über Caesar?
- C. Iulius Caesar (sein Beiname Caesar wurde von den römischen Kaisern als Titel übernommen und ist in den Bezeichnungen „Kaiser" und „Zar" wiederzufinden) stammte aus dem alten Adelsgeschlecht der *gens Iulia*, deren Name auf Iulus Ascanius, den Sohn des römischen Stammvaters Aeneas, zurückging. Da Aeneas der Sage nach der Sohn der Göttin Venus und des trojanischen Fürsten Anchises war, führten die Angehörigen der *gens Iulia* ihre **Abstammung** auf die **Göttin Venus** zurück.
- Caesar absolvierte die für einen Patrizier übliche militärische und rhetorische Ausbildung und ging dann in die **Politik**. Im Jahr 60 v. Chr. schloss er mit dem angesehenen Feldherrn **Pompeius** und dem reichen Geschäftsmann und Politiker **Crassus** ein Bündnis („**Triumvirat** – Dreimännerbündnis"), um politische Machtinteressen durchzusetzen. Er erreichte das höchste politische Amt, das **Konsulat**, im Jahr 59 v. Chr.
- Nach seinem Konsulat erhielt er als Prokonsul die **Statthalterschaft** in den beiden **gallischen Provinzen** *Gallia Cisalpina/Gallia citerior* – Gallien diesseits der Alpen/diesseitiges Gallien (= Oberitalien) und *Gallia Transalpina/Gallia ulterior* – Gallien jenseits der Alpen/jenseitiges Gallien (= Südfrankreich); letztere wurde auch *Gallia Narbonesis* genannt, nach der Hauptstadt Narbo (heute Narbonne), oder *provincia Romana,* wobei man *Romana* oft noch wegließ; jeder wusste, was mit dem Namen *provincia* gemeint war – so stolz war man auf die erste Provinz nördlich der Alpen, dass diese Bezeichnung reichte. Auch Caesar verwendet das Wort *provincia* oder *provincia nostra*, wenn er diese Provinz meint. In dem heutigen Namen Provence hat sich das lateinische *provincia* erhalten.
- Von 58 bis 51 v. Chr. eroberte Caesar *Gallia libera* – das freie Gallien, das als *Gallia Aquitania* (zwischen Pyrenäen und Loire), *Gallia Celtica* (zwischen Loire, Seine und Marne) und *Gallia Belgica* (Gebiet am unteren Rhein) in das römische Imperium eingegliedert wurde. **Expeditionen** nach Germanien und Britannien dienten der **Abschreckung** bzw. Bestrafung von antirömischen Aktionen in Gallien oder der Erkundung, nicht aber der Eroberung.
- Von 49 bis 45 v. Chr. gab es einen **Bürgerkrieg** zwischen Anhängern Caesars und des Pompeius, ausgelöst durch die Weigerung Caesars, seine Soldaten nach Ablauf seiner Amtszeit zu entlassen. Caesar überschritt gegen römisches Recht den **Rubikon**, Grenzfluss zwischen Gallia Cisalpina und dem Mutterland Italien *(„Alea iacta est!")* und wurde damit zum **Staatsfeind** *(hostis).* Er ging als **Sieger** aus dem Bürgerkrieg hervor. Außer dem oben zitierten Spruch, der noch heute verwendet wird, wenn man sagen möchte, dass eine unwiderrufbare Entscheidung gefällt worden ist, ist folgendes Zitat Caesars bekannt: *„Veni, vidi, vici!"* – ausgesprochen nach einem „Blitzkrieg" gegen den König

- Pharnakes von Pontus (am Schwarzen Meer), der sein Reich auf Kosten der Römer hatte vergrößern wollen.
- Im Jahr 48 wird Caesar zum zweiten Mal Konsul, im Jahr 46 zum dritten Mal (verfassungswidrig, da eine Neuwahl erst nach 10 Jahren wieder möglich war!), gleichzeitig wird er **Diktator** auf 10 Jahre (verfassungswidrig, da ein Diktator nur für ein halbes Jahr und zur Abwendung einer Notlage gewählt wurde!). Im Jahr 45 v. Chr. lässt Caesar sich zum *dictator perpetuus* – Diktator auf Lebenszeit ernennen. Weil konservative Senatoren um Cassius und Brutus, der ein Vertrauter Caesars war (Caesar soll, als er starb, gesagt haben: *Et tu, mi fili, Brute?"*), fürchteten, dass durch die Alleinherrschaft Caesars die römische **Republik**, die *libera res publica*, untergehen könne, verschworen sie sich gegen ihn und **ermordeten** ihn an den Iden des März 44 v. Chr.

2. **Was ist ein Commentarius und was hat diese Textart mit Caesar zu tun?**
- Der Begriff *commentarius* bedeutet zunächst „Notiz, Skizze", dann aber auch „Aufzeichnungen, Memoiren"; ein Commentarius stellt also eine Art **Erinnerungsprotokoll** dar. Er wurde von Feldherren als Rechenschaftsbericht über ihre Tätigkeit verfasst und an den Senat gesendet.
- Auch Caesar richtet seine Aufzeichnungen über die **militärischen Aktionen in Gallien** an den Senat, der davon überzeugt werden muss, dass die Maßnahmen des Feldherrn erforderlich waren. Caesar hatte nämlich nach Meinung des Senats seine Machtbefugnisse als Provinzstatthalter überschritten; es existierte die Maßgabe, „dass ein Provinzstatthalter nicht aus eigenem Antrieb Krieg führen durfte – außer bei unmittelbarer Bedrohung". Caesar weiß, dass er nach seiner Rückkehr nach Rom vor Gericht gestellt werden kann, daher sind seine Ausführungen als **Rechtfertigung seiner Unternehmungen** anzusehen.
- Die Grundlage seines Werks sind die amtlichen Berichte an den *senatus populusque Romanus*. Caesar geht nach einem **annalistischen** (von *annus* – *Jahr*) **Prinzip** vor: Für jedes Kriegsjahr in Gallien gibt es ein Buch in dem Werk *Commentarii de bello Gallico;* sieben Bücher enthalten die Ereignisse der Jahre 58–52 v. Chr., das achte Buch, das von Caesars General Aulus Hirtius verfasst worden ist, enthält die Geschehnisse des Jahres 51.

3. **Was ist kennzeichnend für den Schreibstil Caesars und was muss man bei der Übersetzungsarbeit beachten?**
- Caesars Berichte sind **nüchtern**, wie es eben zu einem „Protokoll" passt. Dabei verwendet der Autor die **3. Person Singular** bzw. den **Namen Caesar**, wenn er von sich spricht. Er stellt z. B. seine Märsche mit den Legionen nach Gallien, die Verhandlungen mit Gesandtschaften gallischer oder germanischer Stämme, Kampfvorbereitungen und militärische Auseinandersetzungen, Verluste und Siege dar, aber er beschreibt auch die Lebensweise, Sitten und Bräuche und religiösen Vorstellungen sowie den Lebensraum von Völkern, mit denen er in Kontakt getreten ist oder über die er etwas durch Kaufleute erfahren hat und die den Römern unbekannt sind. Es gibt in den *commentarii* also auch geografische und ethnografische („volksbeschreibende") Darstellungen, sogenannte Exkurse, Abschweifungen vom eigentlichen Thema, in denen

das „echte" Präsens als Tempus vorherrscht. Sonst findet man als Haupttempora das **Imperfekt** zur Darstellung einer **Hintergrundsituation** oder z. B. der Meinung Caesars, das „**historische**" **Perfekt** zur Verdeutlichung der Abfolge einzelner **Aktionen**, aber auch das „**historische**" **Präsens**, wenn **spannende Ereignisse** oder der Höhepunkt eines Unternehmens hervorgehoben werden sollen. Ferner stellt Caesar dar, wie er sich nach einem Sieg gegenüber den Unterlegenen verhält oder wie er Völkern begegnet, die angesichts der militärischen Übermacht der Römer mit diesen in Kontakt treten und sich ihnen freiwillig anschließen bzw. von vornherein ergeben, d. h. um Frieden und Freundschaft bitten, um keine Verluste zu erleiden. In beiden Fällen wird deutlich gemacht, dass Caesar Milde walten lässt *(clementia Caesaris!)* und die Interessen des römischen Volkes *(populus Romanus)* vertritt.
- Caesar schreibt in dem **klassischen Latein**, das den Regeln der Grammatik entspricht, die Sie im Sprachunterricht kennengelernt haben. Aber er verwendet auch **sprachlich-stilistische Mittel**, d. h. eine besondere Wortwahl und Wortstellung sowie rhetorische Stilmittel, um seinen Schilderungen Nachdruck zu verleihen. Es empfiehlt sich, vor der Bearbeitung eines Übungstextes oder vor einer Klassenarbeit die rhetorischen Stilmittel und ihre Kennzeichen zu wiederholen. Auch die Merkmale einer indirekten Rede sollte man kennen. Verbale Satzkonstruktionen *(A.c.I., N.c.I., participium coniunctum, ablativus absolutus)* und lange Satzperioden kommen vor; hier ist eine genaue Satzanalyse wichtig – Sie werden im Unterricht verschiedene Methoden der Erschließung eines Satzes kennengelernt haben. In Bezug auf den Wortschatz sollten Sie ein gewisses Caesar-Repertoire besitzen, das Sie als gedruckte Wortschatzsammlung vorliegen oder sich im Laufe der Lektüre angelegt haben. Es gibt z. B. typische Kapitelanfänge bei Caesar, in denen er auf das Vorhergehende zurückweist; zu militärischen Aktionen, deren Vorbereitungen und Ergebnissen, den Vorgängen nach einem Sieg etc. sowie zu den geografischen und ethnografischen Beschreibungen gibt es den entsprechenden thematischen Sachwortschatz, den man sich zusammenstellen kann.

Cornelius Nepos (ca. 100 – ca. 24 v. Chr.)

1. Was weiß man über Nepos?
- Cornelius Nepos war römischer Historiker und Autor zahlreicher **Biografien**, und zwar von Lebensbeschreibungen **berühmter Männer**. Er war befreundet mit dem Dichter Catull und dem Politiker und Schriftsteller Cicero sowie mit dessen Freund und Verleger Atticus. Über letzteren hat er auch eine Biografie verfasst.

2. Was ist kennzeichnend für die Biografien des Nepos?
- Sein **Werk** *De viris illustribus* umfasste **16 Bücher** mit Biografien über ca. 400 berühmten Männer, unterteilt in **Nicht-Römer** und **Römer**. Erhalten sind das Buch „Über die hervorragenden Feldherren ausländischer Völker" mit 23 Biografien der nicht-römischen Feldherren (wie z. B. Themistocles und Alcibiades) sowie der karthagischen Könige und Feldherren Hamilkar und Han-

nibal, und das Buch „Über die lateinischen Geschichtsschreiber" mit den Biografien über Atticus und den Älteren Cato.
- Die Biografien sind meist **chronologisch** aufgebaut. Sie stellen Herkunft, Familie, Lebenszeit, Schicksal und Leistungen der Hauptperson dar, beschreiben aber auch den Charakter mit positiven und negativen Seiten und die damit verbundenen Verhaltensweisen und Folgen. Wichtig sind Nepos die **Leistungen** der Betreffenden für den **Staat** und das **positive oder negative Beispiel**, das sie gegeben haben.

3. **Was muss man beim Umgang mit einem Text aus den Biografien des Nepos beachten?**
   - Der **klassische Schreibstil** entspricht den der Originallektüre angepassten Lehrbuchtexten zu Ende des Sprachlehrgangs bzw. dem Stil Caesars. Oft liegen kurze, asyndetisch aneinandergereihte Hauptsätze vor. Außer den üblichen Beschreibungen, die zu einer Biografie gehören, können auch einzelne bedeutende Episoden geschildert werden.
   - Wichtig ist, dass Sie sich bei einem Klassenarbeitstext gut die **Information** und die meistens zahlreichen **Übersetzungshilfen** durchlesen. Schon daran kann man oft ablesen, wovon der Text handeln wird: Geht es eher um den **Charakter** des Betreffenden oder sein **Verhalten in der Jugend** oder um **herausragende Leistungen** für den Staat? Markieren Sie sich die entsprechenden Vokabeln in den Hilfen und suchen Sie im Text (nach der vorhergehenden Satzanalyse) Wörter, die zu dem erkannten oder vermuteten **Sachfeld** gehören. Ebenso sollten Sie vor der Übersetzungsarbeit die Zusatzaufgaben unter dem Blickwinkel kontrollieren, ob sie Ihnen Hinweise auf den Textinhalt oder auf Besonderheiten spezieller Textstellen geben, z. B. sprachlich-stilistische Auffälligkeiten.

Gaius Valerius Catull (ca. 84–ca. 54 v. Chr.)

1. **Was weiß man über Catull?**
   - C. Valerius Catullus stammte aus Verona, hatte aber auch eine Villa in Sirmione am Gardasee. Anders als die meisten Persönlichkeiten des 1. Jahrhunderts v. Chr. **interessierte** er sich **nicht für Politik**, sondern machte seine Dichtung zum Lebensinhalt. Nicht die *res publica* war ihm wichtig, sondern sein persönliches Erleben von **Liebe und Freundschaft**, die er zum Gegenstand seiner Gedichte machte. Er gehörte zum Kreis der **Neoteriker**, die als *poetae novi* nach dem Vorbild hellenistischer Dichter die römische Lyrik als Ausdruck subjektiven Erlebens entwickelten und das Epos, die umfangreiche Erzählung von Stoffen der Sage in Hexametern, ablehnten. Aus diesem Grund und wegen ihrer Ablehnung des Einsatzes für den Staat, der *vita activa* (= *negotium*), wurden sie gesellschaftlich nicht anerkannt. Sie bevorzugten die *vita otiosa* (= *otium*), in der sie sich der subjektiven Darstellung ihrer Gefühle in Gedichten widmen konnten.
   - Für Catull spielte die **Liebe zu Lesbia** eine wesentliche Rolle. Der Name Lesbia war ein Pseudonym für eine Frau aus der Gesellschaft, die etwas älter als

Catull war und eigentlich Clodia hieß. Sie war verheiratet, was sie aber nicht daran hinderte, ein Liebesverhältnis mit Catull einzugehen. Andererseits war sie auch ihm nicht treu. In vielen Gedichten schreibt Catull vom **Glück dieser Liebe**, aber auch von seinen **enttäuschten Gefühlen**. Außer diesen Liebesgedichten hat Catull auch Schmähgedichte verfasst, in denen er mehr oder weniger bekannte Personen angegriffen hat. Seine 116 Gedichte sind nach hellenistischem Vorbild in unterschiedlichen Versmaßen geschrieben, es gibt aber auch eine Reihe von Elegien und zahlreiche Epigramme.

2. **Was ist kennzeichnend für die Gedichtformen „Elegie" und „Epigramm"?**
Die Elegie (griech. *elegos* – Klagegesang), bei den Griechen ursprünglich ein Klagegedicht, entwickelte sich bei den Römern zur **Liebeselegie**, in der subjektiv empfundenes Liebesglück und Liebesleid eine wesentliche Rolle spielten. Das Epigramm (griech. *epigramma* – Aufschrift/Inschrift) war ursprünglich eine Grab- oder Weihinschrift. Als literarische Textart wurde daraus ein Sinnspruch oder ein kurzes Gedicht mit **satirischem** oder auch **subjektivem Inhalt** (Liebe, Trauer). Beiden Textarten gemeinsam ist das **elegische Distichon** (griech. *di* = doppelt; *stichos* = Reihe/Vers), d. h. dass jeweils zwei Verse inhaltlich und sprachlich eine Einheit bilden, wobei auf einen Hexameter (einen längerer Vers) ein Pentameter (ein kürzerer Vers) folgt. Im Einzelnen siehe die Anmerkungen unten.

3. **Was muss man beim Umgang mit Elegien und Epigrammen beachten?**
- Für eine **metrische Analyse**, die im Rahmen einer Zusatzaufgabe evtl. gefordert wird, muss man die Regeln für die Länge von Silben kennen. Hier eine kurze Wiederholung: Eine Silbe ist lang, wenn sie einen langen Vokal enthält (**Naturlänge**), oder gilt als lang, wenn auf einen kurzen Vokal zwei oder mehr Konsonanten folgen (**Positionslänge**); dabei kann in der Dichtung der zweite Konsonant auch in dem folgenden Wort stehen. Hinweis: Auf Ausnahmen zur Positionslänge soll hier nicht eingegangen werden.
- Im Rahmen der Behandlung von Gedichten Catulls lernen Sie das **elegische Distichon** kennen. Es besteht aus zwei Versen, einem Hexameter und einem Pentameter. Der **Hexameter** hat sechs Metren, der **Pentameter** fünf Metren; er besteht aus einer Verdoppelung der ersten Hälfte des Hexameters, also aus zweimal zweieinhalb Metren; ein Pentameter ist immer in der Mitte geteilt. Ein Metrum ist entweder ein Daktylus (eine lange und zwei kurze Silben) oder ein Spondeus (zwei lange Silben); die **Betonung** liegt immer auf der ersten Länge eines Metrums. In einem Hexameter gibt es eine **Zäsur** (Sprechpause) in der Regel nach der dritten Hebung (= Betonung); der Pentameter hat immer in der Mitte eine Zäsur; dort liegen zwei Betonungen nebeneinander, da nach der Zäsur der zweite Versteil beginnt; entsprechend weist auch die letzte Silbe eine Betonung auf.
- Als **Elision** wird folgende Besonderheit bezeichnet: Wenn ein Wort auf einen Vokal oder einen Vokal + „m" endet und das nächste Wort mit Vokal oder „h" beginnt, werden der Vokal (und das „m") des vorangehenden Wortes unterdrückt; wenn das folgende Wort aber *est* lautet, fällt das „e" von *est* weg. Man

will mit der Elision einen **Hiat** (lat. *hiatus* – Gähnen/Offenhalten des Mundes) vermeiden. Sie können diese Erscheinung durch einen Bogen oder durch Klammern deutlich machen; z. B. *aetern(um h)oc oder formosa (e)st*.
- Die Aufgabe einer **metrischen Analyse** bedeutet das Kennzeichnen der Silben mit Längen (_) und Kürzen (∪) und das Einsetzen von Zäsuren (||). Wenn Sie möchten, können Sie auch Akzentzeichen über die betonten Silben setzen, um zu kontrollieren, ob Sie die Anzahl von sechs Betonungen erreicht haben. Merken Sie sich auch, dass jeder Vers mit einer Betonung beginnt, dass der Schluss eines Hexameters wie in der Prosa klingt und dass der Pentameter immer eine Betonung am Schluss sowie in der Mitte zwei Betonungen nebeneinander hat. Ein Tipp: Wenn der Text von der Lehrkraft vorgelesen wird, setzen Sie schon die Betonungszeichen mit Bleistift ein – das ist eine gute Hilfe für die metrische Analyse.
- Sie wissen schon z. B. von der Phaedrus-Lektüre her, dass in Gedichten mit unüblicher Wortstellung zu rechnen ist. Das gilt auch für Catull-Gedichte. Machen Sie sich bei der **Satzanalyse** deutlich, um welche Satzarten es sich handelt (Aussagen, Fragen etc.), wo Gliedsätze vorliegen, wo es Hyperbata gibt. Kennzeichnen Sie letztere durch Verbindungsbögen. Übrigens: Wenn man Sicherheit im Umgang mit dem Versmaß hat, kann man dadurch bei Substantiven und Adjektiven der a-Deklination auch erkennen, ob es sich um ein langes oder kurzes -a handelt, und so den Kasus bestimmen.
- Hinsichtlich der **Wortwahl** und der **Formen** müssen Sie bei lyrischen Gedichten z. B. mit Begriffen rechnen, die Gefühle (Liebe, Hass …) bezeichnen, und mit Formen und Pronomina der ersten Person Singular (der Dichter – das lyrische Ich) und der zweiten Person Singular (Lesbia – die Geliebte); es kann auch die erste Person Plural vorkommen, die beide bezeichnet. Das Tempus ist in der Regel Präsens (die Gegenwart des Dichters) neben dem konstatierenden Perfekt, in dem Feststellungen zu etwas Vergangenem gemacht werden.

Gaius Plinius Caecilius Secundus (61–112 n. Chr.)

1. Was wissen wir über Plinius und sein literarisches Werk?
- Gaius Plinius Caecilius Secundus aus Como wuchs nach dem Tod seines Vaters bei seinem Onkel und Adoptivvater, Plinius dem Älteren, auf. Daher wird er in der Literatur auch **Plinius der Jüngere** genannt. Sein Onkel war unter dem Kaiser Vespasian Kommandant der Flotte in Misenum und kam 79 n. Chr. beim Vesuvausbruch ums Leben, als er Betroffenen zu Hilfe kommen wollte. Plinius der Ältere, der neben seiner Tätigkeit in kaiserlichen Diensten schriftstellerisch tätig war – er verfasste naturkundliche und historische Werke –, ließ seinem Neffen in Rom eine **gute rhetorische Ausbildung** zukommen. Dieser war schon mit 19 Jahren als Anwalt tätig und begann bald darauf seine **politische Laufbahn**, in der er verschiedene Ämter bekleidet. Der Höhepunkt seiner Laufbahn war die Tätigkeit als Statthalter unter dem Kaiser Trajan in der Provinz Bithynien am Schwarzen Meer.

- Von seinem **schriftstellerischen Werk** sind eine Lobrede auf den Kaiser Trajan und 10 Bücher mit Briefen erhalten. Während das 10. Buch einen Briefwechsel mit dem Kaiser Trajan enthält, in dem es um Fragen der Provinzverwaltung geht – z. B. die Frage des Umgangs mit den Christen –, sind die anderen Briefe an Verwandte und Freunde gerichtet. Es handelt sich um Privatbriefe, die für eine Veröffentlichung später überarbeitet worden oder von vornherein zur Veröffentlichung bestimmt gewesen sind.
- Inhaltlich betreffen die Briefe Bereiche wie Lebensformen der römischen Oberschicht (*otium* und *negotium*), Bedeutung der geistigen Betätigung (Beschäftigung mit Literatur und eigene schriftstellerische Tätigkeit), Gesellschaftskritik, humanitäre Fragen, aber auch sehr persönliche Themen wie der Genuss der Freizeit auf einem der eigenen Landgüter oder die Liebe zu seiner jungen Ehefrau. Zwei Briefe betreffen ein Naturereignis, das er persönlich erlebt hat, den Vesuvausbruch im Jahre 79 n. Chr.

2. Was ist kennzeichnend für die Briefe des Plinius?
- Die Texte sind in der üblichen **Briefform** geschrieben und enthalten die typischen Elemente der Briefliteratur. Es gibt eine **Eingangsformel**, in der der **Absender** im Nominativ (*C. Plinius*) und der **Adressat** im Dativ steht – bei privaten Briefen mit dem Zusatz *suo/suae*, was auf eine nähere Beziehung zwischen beiden hinweist – gefolgt von der Abkürzung *s.* für *salutem dicit* als Gruß.
Als **Schlussformel** findet man *Vale*.
- Plinius spricht in seinen Briefen den Adressaten direkt an. Entsprechend findet man Imperative, Formen der 2. Person Singular und die zugehörigen Pronomina, (rhetorische) Fragen. Ebenso spricht er viel von sich selbst – daher kommen auch Formen und Pronomina der 1. Person Singular vor. Das Tempus **Präsens** ist **vorherrschend**.
- Die Briefe sind in **Einleitung** (Thema/Anlass), **Hauptteil** (Darstellung des Sachverhalts und Auseinandersetzung mit diesem, evtl. als These und Antithese) und **Schluss** (Schlussfolgerung, evtl. Lehre oder Empfehlung für den Adressaten) gegliedert. Man kann den Aufbau und die logische Abfolge der Gedanken oft anhand von Anfangskonnektoren wie *nam, enim, sed, tamen, igitur* erkennen. Bei der Satzanalyse sollte man auf derartige Konnektoren achten und sie z. B. einkreisen. Häufig verwendet Plinius **rhetorische Stilmittel** und andere **sprachliche Besonderheiten** (Wortwahl, ungewöhnliche Wortstellung), um seinen Aussagen Nachdruck zu verleihen. Es empfiehlt sich, die sprachlich-stilistischen Auffälligkeiten schon vor bzw. bei der Übersetzungsarbeit im Text oder am Rand zu kennzeichnen; so hat man evtl. schon eine Hilfe für die Bearbeitung der Zusatzaufgaben.
- Der Schreibstil des Autors Plinius unterscheidet sich von dem der Autoren der sogenannten „Goldenen Latinität" des 1. Jahrhunderts vor Christus (wie Caesar und Cicero) durch **Kürze** (*brevitas*) und **Prägnanz**, d. h. besondere Deutlichkeit im Ausdruck. So findet man oft kurze Sätze, Ellipsen, Asyndeta und Nomina statt verbaler Ausdrücke. Plinius gehört somit zu den Schriftstellern der sogenannten „**Silbernen Latinität**" (spätes 1. und 2. Jh. n. Chr.).

Publius Ovidius Naso (43 v. Chr.–8 n. Chr.)

1. **Was wissen wir über Ovid und sein literarisches Werk?**
   - **Ovid** aus Sulmo, einer kleinen Stadt in den Abruzzen etwa 40 km östlich von Rom, stammte aus dem Ritterstand. In Rom studierte er **Rhetorik**, da er vorhatte, die Ämterlaufbahn einzuschlagen. Er bekleidete einige niedere Ämter, zog sich dann aber aus der Politik zurück, um sich im **Privatleben**, im *otium*, der **Dichtung** zu widmen. Ovid besaß eine große dichterische Begabung; er selbst hat von sich gesagt: „Was ich zu sagen versuchte, war ein Vers." Durch seine ersten Liebeselegien wurde er so bekannt, dass er in den Kreis des Messalla aufgenommen wurde. Messalla Corvinus (64 v. Chr.– 13 n. Chr.) war Politiker und Flottenkommandant, aber auch literarisch interessiert und unterstützte begabte Dichter. Ovid war bekannt mit den Dichtern Tibull (50–19 v. Chr.) und Properz (50–15 v. Chr.); nach ihrem Vorbild begann er seine schriftstellerische Laufbahn mit dem Dichten von **Liebeselegien**. Er hatte aber auch Kontakt zu anderen besonders berühmten Dichtern der augusteischen Zeit, Vergil (70–19 v. Chr.) und Horaz (65–8 v. Chr.).
   - Ovid war bald in Rom ein **gefeierter Dichter**, geriet aber in Konflikt mit dem Kaiser Augustus (27 v. Chr.–14 n. Chr.) – angeblich, weil er in seinem Werk *Ars amatoria* die strengen Sittengesetze des Kaisers untergraben hatte, in Wirklichkeit wohl eher, weil er Mitwisser in einem Sittenskandal im Kaiserhaus gewesen war. Ovid wurde im Jahre 8 n. Chr. nach Tomi, am Schwarzen Meer, **verbannt**, konnte aber sein Vermögen und seine Bürgerrechte behalten und durfte weiter seine Werke veröffentlichen. Nach Rom durfte er aber trotz seiner vielen Bittgesuche an den Kaiser Augustus und dessen Nachfolger Tiberius (14–37 n. Chr.) nicht zurückkehren. Er starb in der Verbannung.
   - Das Werk Ovids ist äußerst umfangreich: Es umfasst mehrere Gruppen von **Elegien**, Dichtungen in Distichen (ein Distichon ist ein Zweizeiler, bestehend aus einem Hexameter und einem Pentameter – vgl. hierzu die Informationen zu dem Dichter Catull in diesem Band), und ein **Epos**, ein erzählendes Werk in Hexametern (s. u.). Zu den Elegien gehören die *Amores* (Liebesgeschichten), die *Ars amatoria* (die Liebeskunst), die *Remedia amoris* (Heilmittel gegen die Liebe) sowie die *Heroides* (Klagebriefe verlassener Frauen der Sage) und die *Fasti* (Sagen und Bräuche des römischen Festkalenders); auch die **Dichtungen aus der Verbannung** sind im elegischen Versmaß geschrieben: die *Tristia* (Klagegedichte) und die *Epistulae ex Ponto* (Briefe aus Pontus). Sein umfangreichstes Werk, ein Epos, in Hexametern geschrieben, sind die *Metamorphosen* (griech.: *metamorphe* – Verwandlung); sie umfassen 250 Verwandlungssagen in 15 Büchern, ein *carmen perpetuum* in fast 12 000 Versen, beginnend mit der **Entstehung der Welt** über Ereignisse des griechischen und römischen **Mythos** bis in die historische Zeit zu **Kaiser Augustus**.

2. **Was sind Kennzeichen eines „Epos" und wie geht man mit dieser Textart um?**
   - Ein **Epos** (griech.: *epos* (neutr.) – Wort, Erzählung) ist ein langes, in Hexametern geschriebenes Gedicht, in dem Geschichten des Mythos, der Götter- und

Heldensagen, erzählt werden.
Die *Ilias* (der Kampf um Troja) und die *Odyssee* (die Irrfahrten des Odysseus) des griechischen Dichters Homer (8. Jh. v. Chr.) sind die ältesten europäischen Epen. In dieser Tradition steht auch die *Aeneis* Vergils, in der der Untergang Trojas, die Irrfahrten des Aeneas und dessen Ankunft und Verbleib in Latium, der von den Göttern versprochenen neuen Heimat der Trojaner, geschildert werden.
- In Ovids Metamorphosen gibt es viele sogenannte **aitiologische Erzählungen** (griech.: *aition* – Ursprung), d. h. Geschichten, in denen der Ursprung eines Namens (z. B. Echo) oder eines Naturphänomens (z. B. zwei miteinander verflochtene Bäume in der Sage von Philemon und Baucis oder ein Fels in Gestalt einer weinenden Frau in der Sage von Niobe) geschildert wird. Diese und andere Geschichten sind in die Literatur, Musik und bildende Kunst bis in die heutige Zeit eingegangen. Außer dem Proömium, dem berühmten Vorwort Ovids zu seinen Metamorphosen, das man als Lateiner evtl. sogar auswendig gelernt hat, sollte man einige Namen und damit verbundene Geschehnisse kennen: z. B. **Europa, Daedalus und Ikarus, Niobe, Orpheus und Eurydike**. Ein Tipp: Wenn Sie in einer Klassenarbeit einen Text aus den Metamorphosen vorliegen haben, schlagen Sie zuerst alle vorkommenden Namen im Wörterbuch nach; oft finden Sie eine umfassende Erklärung oder sogar schon den wesentlichen Teil der Geschichte, sodass Sie außer durch die Einführung in den Text und/oder durch die mitgelieferte Übersetzung der vorangehenden Verse auch hierdurch einen guten Beitrag zum Textverständnis erhalten.
- Da Sie mit den Metamorphosen ein Werk in Hexametern vorliegen haben, wiederholen Sie die Kennzeichen dieses Versmaßes: Ein **Hexameter** enthält sechs (griech.: *hex*) Metren und damit sechs betonte Silben; auf jede betonte lange Silbe folgen entweder zwei kurze Silben (**Daktylus**: –∪∪) oder eine lange Silbe (**Spondeus**: – –). Über die Länge von Silben und weitere Besonderheiten informieren Sie sich im vorliegenden Band in der Information zu Catull. Betont wird immer die 1. Länge in einem Metrum. Ein Daktylus kann außer im 5. Metrum durch einen Spondeus ersetzt werden. Während ein Daktylus eher leicht und beschwingt wirkt, ruft ein Spondeus den Eindruck von Schwere und Langsamkeit hervor. Dieser Aspekt kann wichtig sein für die Deutung eines Verses bei der **Interpretation**. Nach der dritten Betonung liegt meist eine Sprechpause vor, eine **Zäsur**. Ein Vers beginnt immer mit einer Betonung; in der zweiten Vershälfte fallen Vers- und Wortakzent zusammen, also ist dort die Betonung so wie in der Prosa. Üben Sie das Lesen von Hexametern, lesen Sie laut und achten Sie auf eventuellen **Binnen- oder Endreim** und auf den Klang der Wörter; häufen sich bestimmte Laute, spricht man von **Lautmalerei**; auch diese lässt sich interpretieren.
- Das Versmaß des Hexameters sollten Sie beherrschen – nicht nur im Hinblick darauf, dass in einer Zusatzaufgabe eine metrische Analyse und deren interpretatorische Auswertung verlangt werden können, sondern auch für das Erkennen von langen und kurzen Vokalen im Vers. Das Feststellen von Längen und Kürzen bei Wortendungen ist hilfreich für die **Kasusbestimmung** und damit

evtl. auch für die Entscheidung, ob es sich bei Attribut und Substantiv um ein Hyperbaton handelt. Da **Hyperbata** in der Dichtung sehr häufig sind – manchmal sind zwei zusammengehörende Wörter sogar auf zwei Verse verteilt oder es gibt in einem Vers ein doppeltes Hyperbaton –, ist es wichtig, die Deklinationsformen gut zu kennen.
- Kennzeichnen Sie bei der Vorbereitung eines poetischen Textes die Satzgrenzen, die oft versübergreifend sind, und die Teilsätze; achten Sie auf **dichterische Wortstellung**, z.B. Gliedsatzeinleitung an zweiter Stelle, das Vorkommen von Hyperbata. Gibt es dichterische Besonderheiten wie die Endung *-ēre* statt *-ērunt* für die 3. P. Pl. Perfekt oder Substantive im poetischen Plural? Rechnen Sie mit gehäuftem Vorkommen von **rhetorischen Stilmitteln**. Achten Sie bei der Befragung des Wörterbuchs auf Stellen mit der Autorensigle Ovid bzw. die metaphorische oder metonymische Bedeutung eines Wortes. Zuweilen muss man auch bekannte Wörter nachschlagen, da evtl. die gelernte Bedeutung an der vorliegenden Stelle nicht zutrifft

Marcus Tullius Cicero (106–43 v. Chr.)

1. Was wissen wir über Cicero und sein literarisches Werk?
- Cicero aus Arpinum, südöstlich von Rom, war ein Angehöriger des Ritterstandes. Als *homo novus* („Emporkömmling", der nicht aus dem patrizischen Geburtsadel stammte) gelang es ihm, alle Ämter des *cursus honorum* (Laufbahn der Ehrenämter") vom **Quaestor** (Verwaltung der Staatskasse; 75 v. Chr., in der Provinz Sizilien), **Ädil** (Polizeifunktion, Marktaufsicht, Organisation der öffentlichen Spiele; 69 v. Chr.), **Prätor** (Vertreter des Konsuls, Rechtsprechung; 66 v. Chr.) bis zum **Konsul** (oberste Regierungsgewalt, Leitung der Staatsgeschäfte; 63 v. Chr.) in dem vorgeschriebenen **Mindestalter** *(suo anno)* zu erreichen. Auf diese Leistung war er sehr stolz.
- Er erhielt eine umfassende rhetorische, juristische und philosophische Ausbildung, die man seinen Schriften anmerkt, und wurde zunächst als **Redner** und **Anwalt** bekannt. Im Jahr 70 v. Chr. übernahm er für die Sizilianer die Anklage gegen den ehemaligen Provinzstatthalter *Verres* und hatte mit der ersten Anklagerede (*Actio prima* – so hieß auch die erste Verhandlung) so großen Erfolg, dass der Angeklagte es vorzog, der drohenden Verurteilung zuvorzukommen und in die Verbannung zu gehen. Die zweite Verhandlung fand gar nicht mehr statt. Cicero verfasste seine große Rede (*Actio secunda,* bestehend aus 5 Büchern) daher „nur" schriftlich. Mit seinem Erfolg gegen Verres galt er als der **größte Redner Roms**.
- Sein vornehmlicher Einsatz galt aber der *res publica*. Die politische Tätigkeit sah er als Pflichtaufgabe *(negotium)* an, die er noch über seine schriftstellerische Aktivität stellte. Nachdem er als **Konsul** die **Verschwörung Catilinas** aufgedeckt hatte, wurde er als **Retter des Staates** angesehen und als *pater patriae* gefeiert, aber im Jahr 58 in die Verbannung geschickt, da man seine Maßnahmen gegen die Catilinarier – eine rasche Hinrichtung der gefassten Anhänger Catilinas ohne ihnen als römischen Bürgern den Einspruch bei der

Volksversammlung zu gewähren *(provocatio ad populum)* – als unrechtmäßig angesehen hatte. Obwohl er nach einem Jahr zurückkehren konnte, war er politisch nicht mehr einflussreich. Da er die Ideale der alten *libera res publica* unter der Alleinherrschaft Caesars nicht mehr gewährleistet sah, widmete er sich „im erzwungenen *otium*" der rhetorischen und philosophischen Schriftstellerei. Nach der Ermordung Caesars hoffte er auf eine Wiedererstehung der Republik und ging als Führer der Senatspartei gegen Marcus Antonius, der die Nachfolge Caesars anstrebte, vor. Im Jahr 43 v. Chr. wurde er von diesem auf die Proskriptionsliste (Liste der Geächteten) gesetzt und getötet.

- Das **literarische Werk** Ciceros ist äußerst umfangreich und umfasst **verschiedene Textgenera**: 780 (z. T. sehr persönliche) Briefe, 58 Reden (z. B die Reden gegen Verres und Catilina), sowie bedeutende umfangreiche rhetorische, staatstheoretische und philosophische Schriften. Cicero schreibt im klassischen Latein; sein Stil zeichnet sich oft durch lange Satzperioden aus, die aber meist durch Konnektoren und parallele Wortstellung klar aufgebaut sind. Die Wirkung auf den Leser erreicht er außer durch den Inhalt besonders durch die sprachlich-stilistische Gestaltung seiner Texte. Cicero wird als Meister der antiken Kunstprosa bezeichnet.

2. Was kennzeichnet eine „Rede" und wie geht man mit dieser Textart um?

- Wenn Sie einen Ausschnitt aus einer Cicero-Rede vorliegen haben, denken Sie daran, dass eine Rede, auch wenn sie im Nachhinein von dem Autor zur Veröffentlichung eventuell noch überarbeitet worden ist, in erster Linie als **mündlicher Vortrag** vor einem ausgewählten **Publikum** gehalten wurde – zum Beispiel die vier Catilinarischen Reden vor dem Senat bzw. vor der Volksversammlung, die Reden gegen Verres vor den Richtern, den Sizilianern, dem Angeklagten und seinem Verteidiger, den Zeugen. Es sind also die Stellung/ Situation des Redners, sein Anliegen und die Adressaten zu berücksichtigen.
- Die oben genannten Aspekte spielen eine Rolle, wenn Sie bei der Übersetzungsarbeit die passende Bedeutung für Vokabeln im Wörterbuch suchen oder im Sinne einer wirkungsgerechten Satzformulierung die **Absicht des Redners/ Autors** z. B. durch Übernehmen der Wortstellung. Beachten Sie die jeweilige Texthinführung, die Ihnen wichtige Informationen zur Redesituation (Anlass, Zeit, Ort, Thema, Adressaten, Namen …) bietet und evtl. auch in die Bearbeitung der Zusatzaufgaben einbezogen werden muss.

Klassenarbeiten Latein
Übungsaufgabe 1: Phaedrus I

Text

Bei folgender Textstelle handelt es sich um eine Fabel des Dichters Phaedrus:

Vacca, capella, ovis et leo
Numquam est fidelis cum potente societas:
Testatur haec fabella propositum meum.
Vacca et capella et patiens ovis iniuriae
5 socii fuere cum leone in saltibus.
Hi cum cepissent cervum vasti corporis,
sic est locutus partibus factis leo:
„Ego primam tollo, nominor quoniam leo;
secundam, quia sum fortis, tribuetis mihi;
10 tum, quia plus valeo, me sequetur tertia;
malo afficietur, si quis quartam tetigerit."
Sic totam praedam sola improbitas abstulit.

(72 Wörter)

Übersetzungshilfen
V. 1   vacca, -ae *f.*: Kuh
        capella, -ae *f.*: Ziege
        ovis, -is *f.*: Schaf
V. 2   fidelis, -e: zuverlässig
        societas, -atis *f.*: Gemeinschaft
V. 3   testari: bezeugen
        fabella = fabula
        propositum, -i *n.*: Behauptung
V. 4   patiens, -entis *(m. Gen.)*: geduldig ertragend *(m. Akk.)*
V. 5   socii: als Jagdgefährten
        saltus, -us *m.* = silva
V. 6   cervus, -i *m.*: Hirsch
V. 8   primam: *Ergänzen Sie* partem *(ebenso in* V. 9 u. 11*)*
V. 10   sequi *(m. Akk.)*: hier: als Besitz zufallen *(m. Dat.)*
V. 12   improbitas, -atis *f.*: *Substantiv zu* improbus, -a, -um

Aufgabenstellung

Übersetzung

Übersetzen Sie den Text ins Deutsche.

Zusatzaufgaben

1. Nennen Sie unter Verwendung der Fachbegriffe die Gliederungselemente einer Fabel und deren Funktion. Ordnen Sie diesen die einzelnen Textteile zu.
   (6 Punkte)

2. a) Arbeiten Sie heraus, wie der Löwe charakterisiert wird, und belegen Sie Ihre Ausführungen anhand **drei** aussagekräftiger Textstellen. (4 Punkte)
   b) Erläutern Sie, inwiefern die Gruppe der anderen Tiere einen Gegensatz darstellt. (3 Punkte)

3. Nennen Sie ein rhetorisches Stilmittel in V. 12 und beschreiben Sie dessen Wirkung. (3 Punkte)

4. Erklären Sie, was der Dichter mit der Moral dieser Fabel sagen möchte, und formulieren Sie selbst zwei Behauptungen, die als Moral hier passend sind.
   (4 Punkte)

Lösungsvorschläge

Übersetzung

Hinweis: Durch den ersten Vers bzw. die Überschrift der Fabel werden Sie schon auf den Gegensatz hingewiesen, der zu einem Konflikt führen wird: drei sanfte Tiere gegenüber dem wilden Löwen. Lesen Sie den Text genau durch und kontrollieren Sie, an welcher Stelle die genannten Tiere auftreten. Wenn Sie die entsprechenden Textstellen für die beiden Seiten mit zwei Farben markieren, haben Sie für die Übersetzungsarbeit eine optische Hilfe.
Schauen Sie sich die Übersetzungshilfen unter dem Aspekt an, ob sie Ihnen erste Hinweise zu einem Sachbereich des Textes geben können. Hier finden Sie z. B. die Bedeutung „Jagdgefährten" für socii und die Angabe cervus: Hirsch. Entsprechend können Sie in Ihrer Übersetzung eine passende Bedeutung für cepissent in V. 6 wählen. Dies hilft Ihnen bei der Übersetzung. Achten Sie zudem auf Satzzeichen: Es kommen Doppelpunkte und eine wörtliche Rede vor. In Bezug auf die Grammatik sollte man sich auf Adjektive der i-Deklination, Deponentien und Futurformen (auch Futur II) einrichten. *(Anforderungsbereich III)*

Kuh, Ziege, Schaf und Löwe

Niemals ist eine Gemeinschaft mit einem Mächtigen zuverlässig/sinnvoll: Folgende Fabel bezeugt meine Behauptung.
Eine Kuh, eine Ziege und ein geduldig Unrecht ertragendes Schaf waren als Jagdgefährten mit dem Löwen in den Wäldern.
Als diese einen sehr großen Hirsch (*wörtlich:* einen Hirsch von gewaltigem Körper) erbeutet hatten, sprach der Löwe, nachdem die Beute *(sinngemäß ergänzt)* aufgeteilt worden war (*wörtlich:* nachdem Teile gemacht worden waren), folgendermaßen:
„Ich nehme den ersten Teil, da ich ja Löwe genannt werde; den zweiten Teil werdet ihr mir zugestehen, weil ich kräftig/stark bin; dann wird mir der dritte Teil als Besitz zufallen, weil ich mehr Kraft habe (als ihr); wenn jemand den vierten Teil berührt, wird er ein Übel erleiden (*wörtlich:* wird er mit einem Übel versehen werden)."
So trug die Bösartigkeit allein die ganze Beute weg. *Phaedr. 1, 5*

Hinweis zur Bewertung: Die Fehlergrenze für die Note „ausreichend" liegt bei 9 Fehlerpunkten (12 % der Wortzahl).

Zusatzaufgaben

1. ✏ *Hinweis: Wie eine Fabel aufgebaut ist und welche Funktion die einzelnen Elemente haben, wissen Sie bereits aus dem Unterricht und aus den vorliegenden Hinweisen und Tipps. Für die Erstellung der Gliederung lesen Sie sich Ihre Übersetzung noch einmal durch und vergleichen sie mit dem lateinischen Text. Sicher ist Ihnen schon bei der Übersetzung aufgefallen, an welcher Stelle die Moral steht, welchen Teil man zur Einleitung zählen kann und welche Verse zum Hauptteil. Geben Sie auch die Fachbegriffe für die einzelnen Elemente an.*

   (Anforderungsbereich I–II)

   - In einer Fabel gibt es einen **Sachteil**, in dem die Moral zu finden ist (das lehrhafte Element), und einen **Bildteil**, in dem die Handlungsträger (oft Tiertypen) auftreten. Der Sachteil umfasst hier die Verse 2–3. Die Moral, der belehrende Spruch, wird also in einem **Promythion**, einem Vorspruch, gegeben. (*Zusatz:* Die Moral kann auch als Epimythion, d. h. die Fabel beschließend auftreten.) Sachteil und Bildteil wollen zugleich belehren und unterhalten. (2 Punkte)
   - Die Einleitung, die **expositio**, findet sich in den Versen 4–7. Hier wird die Situation dargestellt: Handlungsträger *(vacca et capella et patiens ovis ... cum leone)*, Ort *(in saltibus)* und konkreter Anlass für das folgende Geschehen *(cum cepissent cervum)*. (1 Punkt)
   - Der Hauptteil, in dem es um eine Konfliktsituation geht, umfasst die Verse 8–11. Normalerweise gibt es eine Handlung oder Rede (**actio**) und eine Gegenhandlung bzw. Gegenrede (**reactio**). Hier besteht der Hauptteil nur in einer Rede, die Gegenrede fehlt. (2 Punkte)
   - Der Vers 12 stellt den Schluss dar und gibt als Ergebnis (**eventus**) an, wie die Konfliktsituation ausgegangen ist. (1 Punkt)

   Hinweis zur Bewertung: Die Hälfte der Punktzahl wird erreicht, wenn die Gliederungselemente genannt und die einzelnen Textteile richtig zugeordnet worden sind.

2. a) ✏ *Hinweis: Charakterisieren Sie den Löwen und führen Sie zu jeder Eigenschaft das entsprechende lateinische Zitat an. Insgesamt sollen Sie drei Eigenschaften nennen und belegen.* *(Anforderungsbereich I–II)*

   In den Versen 8–11 spricht der Löwe und begründet, warum ihm alle Teile der Beute zufallen müssen. In V. 8 begründet er seinen Anspruch mit seiner **herausragenden Stellung**, indem er sagt *nominor quoniam leo*. In den Versen 9 und 10 führt er mit den Aussagen *quia sum fortis* und *quia plus valeo* seine **besondere Stärke** als Grund an. In V. 11 droht er durch die Aussage *malo afficietur* mit der **Anwendung von Gewalt**. (4 Punkte)

   b) ✏ *Hinweis: Hier wird erwartet, dass Sie den Gegensatz der genannten Tiere zu dem Löwen deutlich machen. Beziehen Sie sich auch auf inhaltliche und sprachliche Elemente des lateinischen Textes.* *(Anforderungsbereich II)*

In V. 4 werden die Tiere genannt, die als Gruppe dem Löwen gegenüberstehen. Es handelt sich bei Kuh, Ziege und Schaf um Tiere, die von Natur aus **sanft und harmlos** sind, also im völligen **Gegensatz** zu dem wilden und gefährlichen Löwen stehen. Außerdem sind sie im Vergleich zu dem Löwen **schwach**. Dieser Aspekt wird durch das **Attribut**, das dem Schaf beigegeben wird, noch verstärkt: Es erträgt geduldig Unrecht und wird sich – wie auch die anderen Tiere – dem Löwen nicht widersetzen. (3 Punkte)

Hinweis zur Bewertung: Die Hälfte der in Aufgabe 2 insgesamt vorgesehenen Punktzahl wird erreicht, wenn in a mindestens zwei Eigenschaften des Löwen beschrieben und zwei unterschiedliche Textstellen in Bezug zu seinem Charakter gesetzt worden sind. Bei der Lösung von b sollte der Gegensatz in einem Punkt deutlich herausgestellt worden sein.

3. *Hinweis: Hier sollen die Art des Stilmittels in V. 12 bezeichnet und anhand der betreffenden Textstelle deutlich gemacht werden. Anschließend ist zu beschreiben, welche Wirkung das verwendete Stilmittel haben soll.*
   (Anforderungsbereich I–II)

In V. 12 verwendet der Dichter eine **Personifikation:** Das Substantiv *improbitas* – die Bösartigkeit – steht anstelle des substantivierten Adjektivs *improbus*. Damit ist der Löwe gemeint, der sich die ganze Beute allein genommen hat. Durch die Personifikation soll ein **negativer Charakterzug** des Löwen, der sich in dieser Fabel besonders zeigt, **hervorgehoben** werden. (3 Punkte)

Hinweis zur Bewertung: Die Hälfte der Punktzahl wird erreicht, wenn das Stilmittel richtig genannt und seine Wirkung angedeutet worden ist.

4. *Hinweis: Zunächst ist zu erklären, was in der Moral dieser Fabel ausgesagt wird. Dann sollen Sie selbst zwei treffende Aussagen formulieren. Darin können Sie Ihnen bekannte Redensarten oder Ihre eigene Vorstellung zu der hier vorliegenden Moral unterbringen.*
   (Anforderungsbereich III)

In der Moral dieser Fabel möchte der Dichter sagen, dass es sich für einen Schwachen nicht lohnt, eine Gemeinschaft mit einem Mächtigen einzugehen. Der Schwache wird zwar nicht direkt genannt, kann aber anhand des Gegenbegriffes „der Mächtige" erschlossen werden. (*Zusatz:* Der Schwache wird auch in der Gruppe der in V. 4 genannten Tiere verdeutlicht.)
Folgende Behauptungen können als Moral passen:
- Bei einem „Deal" mit einem Mächtigen geht der Schwache immer leer aus.
- Der Mächtige bekommt immer den „Löwenanteil".

Hinweis zur Bewertung: Die Hälfte der Punktzahl wird erreicht, wenn die Aussage der Moral in Grundzügen verdeutlicht worden und zumindest eine Überschrift so formuliert worden ist, dass die Moral der Fabel deutlich wird.

Klassenarbeiten Latein
Übungsaufgabe 2: Phaedrus II

Text

Bei folgender Textstelle handelt es sich um eine Fabel des Dichters Phaedrus:

Graculus superbus et pavo

Tumens inani graculus superbia
pennas, pavoni quae deciderant, sustulit
seque exornavit. Deinde contemnens suos
5 se immiscuit pavonum formoso gregi.
Illi impudenti pennas eripiunt avi
fugantque rostris. Male mulcatus graculus
redire maerens coepit ad proprium genus.
A quo repulsus tristem sustinuit notam.
10 Tum quidam ex illis, quos prius despexerat:
„Contentus nostris si fuisses sedibus
et, quod natura dederat, voluisses pati,
nec illam expertus esses contumeliam
nec hanc repulsam tua sentiret calamitas."

(74 Wörter)

Übersetzungshilfen
V. 1 graculus, -i *m.*: Krähe
pavo, -onis *m.*: Pfau
V. 2 tumens, -ntis *(m. Abl.)*: aufgebläht (von)
V. 3 penna, -ae *f.*: Feder
de-cidere: *Kompositum zu* cadere
V. 5 se immiscere *(m. Dat.)*: sich mischen (unter)
formosus, -a, -um = pulcher
grex, gregis *m.*: Schar
V. 6 impudens, -ntis: unverschämt
avis, -is *f.*: Vogel
V. 7 fugare = pellere
rostrum, -i *n.*: Schnabel
mulcare: zurichten, misshandeln
V. 8 maerens, -ntis: betrübt
V. 9 tristis, -e: *hier:* schmählich
nota, -ae *f.*: Beschimpfung
V. 10 despicere, -spicio, -spexi = contemnere
V. 12 et (si) voluisses (id) pati, quod: und wenn du das akzeptiert hättest, was
V. 14 repulsa, -ae *f.*: *Substantiv zu* repellere

Aufgabenstellung

Übersetzung

Übersetzen Sie den Text ins Deutsche.

Zusatzaufgaben

1. a) Erläutern Sie, wie Phaedrus in den Versen 1–5 die Krähe und ihr Verhalten charakterisiert. Belegen Sie Ihre Ausführungen durch lateinische Textstellen. (8 Punkte)

   b) Begründen Sie, warum die Krähe eine zweifache Bestrafung (V. 6/7; V. 9) verdient hat. (6 Punkte)

2. a) Beschreiben Sie die dichterische Wortstellung in V. 3 und wandeln Sie sie in Prosawortstellung um. (2 Punkte)

   b) Benennen und beschreiben Sie das rhetorische Stilmittel, das durch die dichterische Wortstellung in V. 3 entsteht, und erklären Sie die beabsichtigte Wirkung. (4 Punkte)

   c) Belegen Sie dieses Stilmittel an zwei weiteren Stellen im Text. (2 Punkte)

3. a) Stellen Sie die Moral in einem kurzen Satz als Fazit für einen Standesgenossen des Dichters dar. (4 Punkte)

   b) Erklären Sie anhand eines Beispiels Ihrer Wahl, was man unter dem Sprichwort „sich mit fremden Federn schmücken" versteht, indem Sie sich auf die Fabel von Phaedrus beziehen. (3 Punkte)

Lösungsvorschläge

Übersetzung

Hinweis: Verdeutlichen Sie sich schon beim ersten Durchlesen der Fabel die Satzgrenzen. Kennzeichnen Sie dann Prädikate sowie Haupt- und Nebensatzkonnektoren. Auch sollten Sie Infinitive und Partizipien optisch hervorheben. Da Hyperbata in dieser Fabel reichlich vorhanden sind, empfiehlt es sich, jeden Vers daraufhin zu kontrollieren und zusammengehörige Wörter zu kennzeichnen. Beim Kennzeichnen der Prädikate wird Ihnen auffallen, dass außer dem historischen Perfekt auch das historische Präsens auftritt. Bei der Analyse der wörtlichen Rede (V. 11–14) sind die Satzarten besonders gut zu beachten. Am Modus und Tempus der Prädikate sowie an der Gliedsatzeinleitung erkennen Sie, dass ein irreales Satzgefüge vorliegt.

(Anforderungsbereich III)

Die stolze Krähe und der Pfau

Von eitlem Stolz aufgebläht hob eine Krähe Federn, die einem Pfau herabgefallen waren, auf und schmückte sich damit.

Darauf verachtete sie die Ihrigen/ihre Artgenossen und mischte sich daher unter die schöne Schar der Pfauen.

Jene entreißen *(hist. Präs.)* dem unverschämten Vogel die Federn und vertreiben *(hist. Präs.)* ihn mit ihren Schnäbeln.

Übel/schlimm zugerichtet begann die Krähe betrübt zu ihrer eigenen Art zurückzugehen. Von dieser (aber) zurückgewiesen/Nachdem sie ... zurückgewiesen worden war, musste sie (auch noch) schmähliche Beschimpfung ertragen/hinnehmen.

Darauf sagte eine *(gemeint:* eine der Krähen) von jenen, die sie vorher verachtet hatte: „Wenn du mit unserem Platz *(poet. Pl.)* zufrieden gewesen wärest und das akzeptiert hättest, was die Natur (dir) gegeben hat *(Perf. statt Plusq.perf.)*, hättest du weder jene Schande erfahren noch würde dein Unglück *(Personifikation)*/würdest du Unglückliche diese Zurückweisung spüren/zu spüren bekommen."

Phaedr. 1, 3

Hinweis zur Bewertung: Die Fehlergrenze für die Note ausreichend liegt bei 9 Fehlerpunkten (12% der Wortzahl).

Zusatzaufgaben

1. a) ✏ *Hinweis: Beschreiben Sie aus Sicht des Dichters die Eigenschaften der Krähe und ihr Verhalten, soweit es ihrem Charakter entspricht. Führen Sie jeweils die zugehörigen lateinischen Belege an.* (Anforderungsbereich II)
   - Der Dichter bezeichnet die Krähe als **stolz** bzw. hochmütig (*superbus*, V. 1). In V. 2 wird diese Eigenschaft verstärkt dargestellt, indem er sagt, dass sie **aufgebläht** *(tumens)* und von **leerem Stolz** *(inani superbia)* ist. Man könnte sich vorstellen, dass sie sich vor lauter Eitelkeit aufplustert, um ja aufzufallen. Dabei gibt es nichts, worauf sie sich etwas einbilden könnte. (4 Punkte)
   - Doch sie sieht eine Chance: Sie findet **Pfauenfedern** und **schmückt** sich damit (*exornavit*, V. 4). Jetzt hält sie sich für schöner als ihre Artgenossen. Das zeigt sich in ihrer Einstellung diesen gegenüber: Sie **verachtet** sie (*contemnens suos*, V. 4). Hochmütig wendet sie sich von ihnen ab und – in der Meinung dorthin zu passen – mischt sie sich **unter die Pfauen**, die im Gegensatz zu ihr von Natur aus schön sind (*se immiscuit pavonum formoso gregi*, V. 5). (4 Punkte)

   Hinweis zur Bewertung: Die Hälfte der Punktzahl wird erreicht, wenn der Hochmut und die Geringschätzung ihrer Artgenossen als herausragende Charakterzüge der Krähe begründet dargestellt und mit lateinischen Textstellen belegt worden sind.

   b) ✏ *Hinweis: Nehmen Sie bei Ihren Ausführungen Bezug auf das Verhalten der Krähe. Erwähnen Sie jeweils kurz die Art der Bestrafung und führen Sie dann Ihre Argumente an.* (Anforderungsbereich II–III)
   - Die Krähe verhält sich zweimal falsch und wird entsprechend zweimal bestraft. Die **erste Bestrafung** erfolgt durch die **Pfauen** (V. 6/7), die ihr die Federn ausreißen (*Zusatz:* eventuell nicht nur die fremden, sondern vermutlich auch noch eigene?) und sie mit ihren Schnäbeln vertreiben. Diese Bestrafung hat sie verdient, weil sie sich durch **Vorspiegelung falscher Tatsachen** den Zugang zu einer fremden Gruppe erschlichen hat. (3 Punkte)
   - Die **zweite Bestrafung** erhält sie von den **eigenen Artgenossen** (V. 9), zu denen sie zurückkehrt, nachdem sie von den Pfauen verjagt worden ist. Die Krähen haben mit der misshandelten Artgenossin nicht nur kein Mitleid, sondern sie weisen sie sogar zurück und **beschimpfen** sie. Auch diese Strafe hat sie verdient, weil sie sich eingebildet hat, durch die angesteckten Pfauenfedern etwas Besseres zu sein, und sich daher bewusst **von ihrer Gruppe distanziert** hat. (3 Punkte)

   Hinweis zur Bewertung: Die Hälfte der Punktzahl wird erreicht, wenn die jeweilige Art der Bestrafung genannt worden ist und durch die Argumentation eine Rechtfertigung ansatzweise deutlich wird.

2. a) *Hinweis: Sie sollten zuerst beschreiben, wo sich in V. 3 dichterische Wortstellung zeigt. Durch die Lektüre von Phaedrus-Fabeln haben Sie sicher bereits Erfahrung mit poetischen Besonderheiten gemacht. Nehmen Sie anschließend die Umformung vor.* (Anforderungsbereich I–II)

In V. 3 steht das **Relativpronomen** *quae*, das sich auf *pennas* bezieht, nicht am Anfang des Relativsatzes, sondern an der **zweiten Stelle**. In Prosawortstellung müsste V. 3 lauten: *pennas, quae pavoni deciderant, sustulit.*
(2 Punkte)

b) *Hinweis: Benennen und beschreiben Sie das gesuchte rhetorische Stilmittel. Dann ist zu erklären, welche Wirkung auf den Leser erzielt werden soll. Dabei muss auf den Textzusammenhang Bezug genommen werden.*
(Anforderungsbereich I–II)

Durch die dichterische Wortstellung entsteht eine **Alliteration:** *p̱ennas, p̱avoni:* zwei nebeneinanderstehende Wörter beginnen mit demselben Buchstaben. Diese Wörter erhalten dadurch eine besondere **Betonung.** Hier soll der Blick des Lesers auf die Tatsache gelenkt werden, dass es sich um Pfauenfedern handelt, die die Krähe aufhebt und mit denen sie sich dann schmückt. So wird das **Verhalten der Krähe** als besonders **anmaßend** gekennzeichnet. Auch **klanglich** wird durch den harten p-Anlaut der Hochmut gewissermaßen hörbar. (4 Punkte)

c) *Hinweis: Durchforsten Sie den Text im Hinblick auf zwei weitere Stellen, die das oben gesuchte Stilmittel aufweisen. Schreiben Sie sie heraus und machen Sie deutlich, woran sich das Stilmittel festmachen lässt.*
(Anforderungsbereich II)

Eine **Alliteration** findet sich im Text noch an folgenden Stellen:
V. 6: *i̱lli i̱mpudenti* und V. 7: *m̱ale m̱ulcatus.* (2 Punkte)

Hinweis zur Bewertung: Die Hälfte der Punktzahl wird erreicht, wenn bei a ein Aufgabenteil, die Beschreibung oder die Umwandlung, gelungen ist und bei b das gesuchte Stilmittel benannt und ein Aspekt hinsichtlich der beabsichtigten Wirkung erwähnt worden ist. Bei c sollte eine Textstelle genannt und das Stilmittel deutlich gemacht worden sein.

3. ✏ *Hinweis: Die Verse 11–14 enthalten, eingebettet in eine kritische Zurechtweisung der Krähe, die Lehre der Fabel. Diese ist unter Bezugnahme auf die Situation des Autors bzw. die seiner Standesgenossen kurz und treffend mit eigenen Worten zu formulieren. In der Lösung werden zwei Alternativen angeführt.*
   Wählen Sie ein geeignetes Beispiel, um die Bedeutung des hier genannten Zitats zu erklären. Vergessen Sie dabei nicht, sich bei Ihrer Antwort auf den Inhalt der Fabel zu beziehen. *(Anforderungsbereich II)*

   a) • Phaedrus gehörte als ehemaliger Sklave zu einem **niedrigen Gesellschaftsstand**, der nicht sehr angesehen war. Man kann sich vorstellen, dass Leute seines Standes, also Freigelassene, in den Fabeln Kritik an den Angehörigen höherer Stände oder Lebenshilfe für sich selbst suchten.
      (2 Punkte)
      • Das **Fazit** für den damaligen Leser lässt sich folgendermaßen formulieren: Wer nicht versucht, nach außen hin mehr zu gelten, als er in Wirklichkeit ist, braucht keine Ablehnung zu befürchten./Wenn man mit seinem Rang/Stand zufrieden ist und sich nicht darüber erhebt, hat man in seiner Gruppe einen sicheren Platz. (2 Punkte)

   b) „Sich mit fremden Federn schmücken" bedeutet, dass man **Leistungen** oder Ideen eines **anderen** für seine **eigenen** ausgibt. Ein Beispiel hierfür wäre, wenn man in der Schule ein Referat hält, das ein Mitschüler vorbereitet hat, jedoch gibt man an, es wäre sein eigenes. Wie in der Fabel „bedeckt" man sich mit den „schönen Federn", um dafür bewundert und gelobt zu werden.
   (3 Punkte)

   Hinweis zur Bewertung: Die Hälfte der Punktzahl wird erreicht, wenn bei a ein Bezug zur Situation des Autors bzw. zu seiner Zeit deutlich geworden ist und das Fazit der Moral zu einem wesentlichen Teil nahekommt. Bei b sollte das Sprichwort gedeutet oder ein passendes Beispiel genannt worden sein.

Klassenarbeiten Latein
Übungsaufgabe 3: Caesar I

In einem Exkurs berichtet Caesar über die Sueben und die Ubier, zwei einander benachbarte rechtsrheinische Germanenstämme. Die Sueben, der laut Caesar größte und kriegerischste Stamm aller Germanen, waren in der Mitte Germaniens angesiedelt, die Ubier südwestlich von ihnen in der Gegend des späteren Köln.

Text A: Die Lebensweise der Sueben

Suebi non multum frumento, sed maximam partem lacte atque pecore vivunt multumque sunt in venationibus. Atque in eam consuetudinem se adduxerunt, ut locis frigidissimis neque vestitus praeter pelles habeant quicquam, quarum propter exiguitatem magna est corporis pars aperta, et laventur in fluminibus.
5 Mercatoribus est aditus magis eo, ut homines habeant, quibus ea vendant, quae bello ceperint, quam quo ullam rem ad se importari desiderent.
Vinum ad se omnino importari non patiuntur, quod ea re ad laborem ferendum remollescere homines atque effeminari arbitrantur.

(83 Wörter)

10 **Übersetzungshilfen**
Z. 1   lac, lactis *n*.: Milch
Z. 2   venatio, -onis *f*.: Jagd
        in eam consuetudinem se adducere, ut: sich daran gewöhnen, dass
Z. 3   frigidus, -a, -um: kalt
        neque vestitus quicquam: nicht nur nichts an Kleidung
        pellis, -is *f*.: Fell
Z. 3 f. quarum (Bezugswort.: pelles) propter exiguitatem: wegen deren geringer Größe / Winzigkeit
Z. 4   apertus, -a, -um: unbedeckt, nackt
        et ...: Fortsetzung des *ut*-Satzes
Z. 5 f. magis eo, ut ... quam quo: mehr zu dem Zweck, dass ... als deshalb, weil
Z. 7   ad (laborem ferendum): in Bezug auf
Z. 8   remollescere: verweichlicht werden
        effeminari: schlaff werden

Text B: Caesar spricht über die Ubier

Suebis propinqui sunt Ubii, quorum est civitas ampla atque florens. Hi paulo sunt humaniores, propterea quod Rhenum attingunt multumque ad eos mercatores ventitant et quod ipsi propter propinquitatem Gallicis sunt moribus assuefacti.

(32 Wörter)

Übersetzungshilfen
Z. 1   florens, florentis: blühend
Z. 3   ventitare = saepe venire
        propinquitas, -atis *f*.: Nachbarschaft / Nähe
        assuefactus, -a, -um *(m. Dat.)*: gewöhnt (an)

Aufgabenstellung

Übersetzung

Übersetzen Sie **Text A** ins Deutsche.

Zusatzaufgaben

1. Analysieren Sie die nd-Konstruktion *ad laborem ferendum* (Z. 7) durch entsprechenden Eintrag in die Tabelle. Tragen Sie dann die folgenden nd-Konstruktionen passend ein: (4 Punkte)

   labore ferendo   *labores ferendi causa*   *in laboribus ferendis*

Gerundium		attributives Gerundivum	
nd-Form (+ Kasus)	Bezugswort	nd-Form (+ Kasus)	Bezugswort

2. Beschreiben und benennen Sie rhetorische Auffälligkeiten in Wortstellung und Wortwahl im letzten Satz von **Text A** und erklären Sie die beabsichtigte Wirkung. (10 Punkte)

3. a) Erläutern Sie, wie man sich die Ubier im Vergleich zu den Sueben vorstellen muss, wenn Caesar von ihnen behauptet, sie seien *paulo humaniores* (**Text B**, Z. 1). Gehen Sie dabei von den in **Text A** angesprochenen Aspekten Ernährung, Kleidung und Handel aus. (10 Punkte)

   b) Erschließen Sie aus **Text B** die beiden Begründungen, die Caesar für diese Behauptung anführt, und beurteilen Sie ihre Wahrscheinlichkeit. (5 Punkte)

4. a) Zeichnen Sie eine Leiste, die von links nach rechts die Kulturstufen der einzelnen Völker symbolisieren soll, wobei auf der obersten Stufe die Römer stehen sollen. Tragen Sie dann ein, wo nach Caesars Meinung folgende Gruppen angeordnet werden müssten: *Gallier – Provinz Gallia Narbonensis – Sueben – Ubier.* (1 Punkt)

   b) Entscheiden Sie begründet, wo die von Caesar in Gall. 1,1 erwähnten Belger anzuordnen sind. (5 Punkte)

Lösungsvorschläge

Übersetzung

✏ *Hinweis: Exkurse, durch die Caesar seinen Bericht über den gallischen Krieg unterbricht, stehen im Präsens. Inhaltlich müssen Sie mit Wörtern rechnen, die die Lebensgewohnheiten eines Volkes kennzeichnen, wie Sie der Überschrift zu Text A entnehmen können. Vergleichen Sie dazu die Übersetzungshilfen. Verdeutlichen Sie sich durch eine Analyse den Aufbau der Sätze. Besonders wichtig ist dieses Vorgehen bei den Satzperioden Z. 2–4 und Z. 5/6. Beachten Sie hierzu genau die Hinweise in den Übersetzungshilfen.*

(Anforderungsbereich III)

Die Sueben leben nicht vorwiegend (*wörtlich:* nicht viel) von Getreide, sondern größtenteils von Milch und Vieh, und sind viel/oft auf der Jagd. Und sie haben sich daran gewöhnt, dass sie in der sehr kalten Gegend nicht nur nichts an Kleidung haben außer Fellen, wegen deren geringer Größe ein großer Teil des Körpers unbedeckt ist/bleibt, und dass sie (sogar) in Flüssen baden.

Dass Wein bei ihnen überhaupt eingeführt wird, lassen sie nicht zu, weil sie meinen, dass dadurch die Menschen in Bezug auf das Ertragen von Anstrengung verweichlicht und schlaff werden. *Caes. B.G. 4, 1–3 (in Auswahl; mit Textabänderungen)*

Hinweis zur Bewertung: Die Fehlergrenze für die Note ausreichend liegt bei 10 Fehlerpunkten (12 % der Wortzahl).

Zusatzaufgaben

1. ✏ *Hinweis: Die im Text vorliegende nd-Konstruktion muss zweimal eingetragen werden.* *(Anforderungsbereich I)*

Gerundium		attributives Gerundivum	
nd-Form (+ Kasus)	Bezugswort	nd-Form (+ Kasus)	Bezugswort
ad ferendum (Akk.)	laborem	ad ferendum (Akk.)	laborem
ferendi causa (Gen.)	labores	ferendo (Abl.)	labore
		in ferendis (Abl.)	laboribus

Hinweis zur Bewertung: Die Hälfte der Punktzahl wird erreicht, wenn außer der Textstelle eine zweite Konstruktion richtig analysiert worden ist.

2. ✒ *Hinweis: Schauen Sie sich genau den lateinischen Satz und Ihre Übersetzung an: Satzkonstruktionen in beiden Teilsätzen, Besonderheit bei der Wortstellung, Bedeutungsauffälligkeit etc. Beschreiben und benennen Sie zunächst verwendete Stilmittel. Zur Erklärung der beabsichtigten Wirkung sollten Sie sich fragen: Was sollte ein gebildeter Römer empfinden, wenn er diese Aussage über einen Germanenstamm, der in den Augen der Römer zu den Barbaren, zählt, vernahm?*

(Anforderungsbereich I–II)

- Im letzten Satz von Text A wird herausgestellt, dass die Sueben den **Import** von Wein völlig ablehnen. Diese **bewusste Ablehnung** wird deutlich durch das Verb *non patiuntur*, das ein Nichterlauben beinhaltet, und durch das Adverb *omnino* zu *importari*. Das Wort *vinum* am Satzanfang entspricht zwar als Subjektsakkusativ der üblichen Wortstellung, wird aber doch die **Aufmerksamkeit des Lesers/Zuhörers** erwecken: Wein wurde in Italien angebaut und war als Getränk zum Essen beliebt. (4 Punkte)
- Die mögliche **Wirkung des Weingenusses** war den Sueben aber wohl bekannt, denn sie waren der Meinung, dass durch Wein (bzw. Alkohol) die Menschen in ihrer Leistungsfähigkeit *(ad laborem ferendum)* nachlassen könnten. Die Infinitive *remollescere* und *effeminari* sind von ihrer Bedeutung her synonym und stellen durch die Verbindung mit *atque* ein **Hendiadyoin** dar. Sie lassen sich mit einem verstärkten Ausdruck übersetzen, z. B. „völlig verweichlichen", wodurch die **Gefahr der Verweichlichung** besonders hervorgehoben wird. Zusätzlich liegt ein **Hyperbaton** vor: der Subjektsakkusativ *homines* trennt die Infinitive und ihr Verbindungswort *atque*. Dadurch stehen diese an den **betonten Außenstellen**. Soll der Leser denken, dass die Sueben eher Strapazen aushalten können als die evtl. durch Luxus verweichlichten Römer und im Falle eines Krieges daher einen besonders ernst zu nehmenden Gegner darstellen? (6 Punkte)

Hinweis zur Bewertung: Die Hälfte der Punktzahl wird erreicht, wenn zwei Besonderheiten bei der Wortwahl und eine Auffälligkeit bei der Wortstellung erkannt und beschrieben worden sind. Die Wirkung auf den Leser soll anhand von zwei Aspekten erklärt worden sein.

3. a) ✒ *Hinweis: Sie sollten textbezogene Aussagen (mit Zeilenangaben) über die Sueben machen und anschließend eine Vermutung äußern, wie diese Aspekte bei den Ubiern aussehen könnten. Sachwissen über die Kultur der (germanischen) Völker außerhalb des römischen Imperiums kann dabei hilfreich sein.*

(Anforderungsbereich II)

- Caesar sagt, dass die Ubier, die den Sueben benachbart sind, „ein wenig zivilisierter" (*paulo humaniores*, Text B, Z. 1/2) seien als jene. Man muss also annehmen, dass die **Sueben** auf einer sehr **niedrigen Zivilisationsstufe** stehen. Das zeigt sich z. B. bei der **Art der Ernährung**, die ja mit der Wirtschaftsform verbunden ist: Getreideanbau ist weniger wichtig als die Jagd und die Viehhaltung. Daher ernähren sie sich vorwiegend von tierischen Produkten (*maximam partem lacte atque pecore vivunt*, Z. 1).

Demnach könnten die **Ubier** eher **Bauern** sein, die Getreide anbauen und die Nahrung entsprechend weiterverarbeiten, z. B. mahlen. (4 Punkte)
- Auch in Bezug auf die **Kleidung** zeigt sich bei den **Sueben** eine niedrige Zivilisationsstufe: Sie tragen laut Caesar **Tierfelle**, die zudem noch ziemlich klein sind (Z. 3/4), d. h. sie machen sie nicht durch Zusammenheften passend, sondern verwenden sie so, wie sie sind. Für die **Ubier** lässt sich vermuten, dass sie, falls sie **Felle** als Kleidung tragen, diese **kombinieren** und dass sie auch andere Kleidung z. B. aus Leinen oder Wolle haben. (3 Punkte)
- **Handel** ist für die **Sueben nicht** besonders **wichtig**. Sie sehen Kaufleute nur als Möglichkeit an, ihre Kriegsbeute zu verkaufen, d. h. gegen andere Waren zu tauschen, wobei sie keinen Wert auf diese Dinge legen (Z. 5/6). Der Handel ist also eher einseitig. Die **Ubier** dagegen werden **Handel** im eigentlichen Sinne **betreiben**, z. B. Dinge zum Verkauf anfertigen und dafür (Luxus)artikel erwerben. Man kann also auch annehmen, dass sie Wein importieren. (3 Punkte)

Hinweis zur Bewertung: Die Hälfte der Punktzahl wird erreicht, wenn der Begriff *paulo humaniores* richtig angewendet und der Textbezug zu den genannten Aspekten in Grundzügen hergestellt worden ist. Die Übertragung auf die Ubier sollte jeweils in <u>einer</u> von den angeführten Vermutungen erfolgt sein.

b) *Hinweis: Hier ist keine Übersetzung gefordert! Dass es sich hier um zwei Gründe handelt, sieht man an der Einleitung der Kausalsätze mit propterea quod und quod. Die Anknüpfung – que an den ersten Kausalsatz zeigt, dass die betreffenden Aussagen zusammengehören. Inwiefern Caesars Aussagen zutreffend sein können, sollen Sie von Ihrem Sachwissen her entscheiden.*

(Anforderungsbereich II)

Caesar führt für die **höhere Zivilisationsstufe der Ubier** folgende Begründungen an:
- Die Ubier wohnen am **Rhein**, der als großer Fluss einen bedeutenden Handelsweg darstellt. Daher haben sie regen **Kontakt zu Kaufleuten** aus weiter entfernten Gebieten, z. B. auch aus Italien. So lernen sie bisher unbekannte Waren kennen und ihren Gebrauch schätzen, was auch für Luxusgüter gilt. (3 Punkte)
- Der zweite Grund ist die **Nachbarschaft** zu den **linksrheinischen Galliern**, die wohl aufgrund der Kontakte mit Bewohnern der römischen Provinz einen **höheren Lebensstandard** haben und an deren Sitten sich die Ubier gewöhnt haben. (2 Punkte)

Hinweis zur Bewertung: Die Hälfte der Punktzahl wird erreicht, wenn die Rheinlage und die Nachbarschaft zu Gallien als grundlegende Faktoren erschlossen worden sind und jeweils <u>ein</u> Beurteilungsaspekt angeführt worden ist.

4. a) *Hinweis: Sie sollten wissen, was es für die Kultur eines Volkes bedeutet, wenn es in das römische Imperium eingegliedert worden ist. Da die Ergebnisse der vorhergehenden Aufgaben hier einfließen, wird keine Begründung für die Anordnung erwartet.* (Anforderungsbereich I)

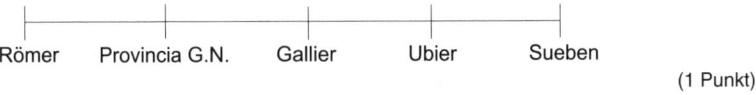

Römer   Provincia G.N.   Gallier   Ubier   Sueben

(1 Punkt)

b) *Hinweis: Für die Lösung dieser Aufgabe ist Ihr Lektürewissen gefragt. Sie kennen das erste Kapitel des ersten Buches zum Gallischen Krieg und wissen, was Caesar über Gallien und seine Völker gesagt hat.*
(Anforderungsbereich II–III)

Die **Belger**, von denen Caesar sagt, dass sie im Vergleich zu den Aquitaniern und den Galliern die tapfersten seien, sind **bei den Sueben** anzuordnen.
Begründung: Sie sind wie die Sueben weit von der Kultur der römischen Provinz Gallia Narbonensis entfernt und haben kaum Kontakt zu Kaufleuten, kennen auch keine Waren, die zur Verweichlichung beitragen.
Wie die Sueben *(vgl. die Hinführung zu den Texten!)* sind sie besonders **kriegerisch**. Da Caesar aber die Germanen im Allgemeinen auf einer niedrigeren Stufe als die Gallier ansiedelt, müssen die Belger als gallischer Volksstamm **vor den Sueben** stehen. (Dass die Ubier als Germanen eine Sonderstellung einnehmen, ist in der Aufgabe Nr. 2 deutlich geworden!) (5 Punkte)

Hinweis zur Bewertung: Die Hälfte der Gesamtpunktzahl von a und b wird erreicht, wenn bei a die Anordnung in der erwarteten Reihenfolge vorgenommen worden ist und bei b die Zuordnung der Belger vor den Sueben erfolgt ist. Zudem sollten zwei Argumente zur Begründung angeführt worden sein.

Klassenarbeiten Latein
Übungsaufgabe 4: Caesar II

*Caesar hat zwei germanische Stämme, die in Gallien eingefallen sind, durch kriegerische Maßnahmen über den Rhein zurückgetrieben. Ein Teil der Besiegten hat sich danach zu den germanischen **Sugambrern** geflüchtet.*
Als Caesar deren Herausgabe fordert, reagieren die Sugambrer sehr überheblich, indem sie sagen, dass der Rhein die Grenze des römischen Herrschaftsgebietes sei.
*Die **Ubier** dagegen, die als einzige der rechtsrheinischen Gemanen mit den Römern Freundschaft geschlossen haben, bitten Caesar dringend um Hilfe, da sie von den **Sueben** bedrängt würden, einem sehr mächtigen Germanenstamm, der von Caesar schon früher nach widerrechtlicher Landaneignung aus Gallien vertrieben werden musste.*
Caesar entschließt sich daraufhin zu einer militärischen Aktion in Germanien. Er lässt innerhalb von 10 Tagen eine hölzerne Brücke über den Rhein bauen und marschiert mit dem Heer hinüber.

Text

Nachdem Caesar an beiden Seiten der Brücke einen Sicherheitsposten zurückgelassen hatte, marschierte er in das Gebiet der Sugambrer.

Interim a compluribus civitatibus ad eum legati veniunt; quibus pacem atque amicitiam petentibus liberaliter respondet obsidesque ad se adduci iubet.
Sugambri ex eo tempore, quo pons institui coeptus est, fuga comparata finibus suis excesserant suaque omnia exportaverant seque in solitudinem ac silvas abdiderant.
5 Caesar paucos dies in eorum finibus moratus omnibus vicis aedificiisque incensis frumentisque succisis se in fines Ubiorum recepit atque his auxilium suum pollicitus, si ab Suebis premerentur, haec ab iis cognovit:

(74 Wörter)

Die Sueben hätten, nachdem sie vom Bau der Brücke erfahren hatten, Boten ausgesandt mit dem Befehl, Frauen, Kinder und alle Habe in die Wälder zu schaffen. Alle waffenfähigen Männer sollten an einem Ort in der Mitte des Landes die Ankunft der Römer erwarten, um dort um die Entscheidung zu kämpfen.
Caesar, der alle Dinge erledigt hatte, die er sich mit dem Rheinübergang vorgenommen hatte, zog sich nach Gallien zurück und ließ die Brücke wieder abreißen.

Übersetzungshilfen

Z. 2 liberaliter: *hier:* freundlich, großzügig
Z. 3 institui coeptus est: *Übersetzen Sie den NcI:* Man begann zu bauen
      comparare = parare
Z. 4 solitudo, -inis *f.*: einsame Gegend, Einöde
Z. 5 aedificium, -i *n.*: *hier:* Gehöft
Z. 6 succīdere, succīdo, succīdi, succīsum: abmähen

Aufgabenstellung

Übersetzung

Übersetzen Sie den Text ins Deutsche.

Zusatzaufgaben

1. Lösen Sie den hier vorliegenden *ablativus absolutus* mit drei unterschiedlichen Varianten auf. (6 Punkte)

   Sugambri fuga comparata finibus suis excesserant.

2. Listen Sie alle Hauptsatzprädikate auf, fassen Sie sie zu Gruppen zusammen und bestimmen und begründen Sie den Tempusgebrauch. (12 Punkte)

3. a) Stellen Sie die Situation und die Alternativen eines Volkes dar, durch dessen Gebiet Caesar mit einem Kriegsheer marschiert, und wägen Sie sie gegeneinander ab. (6 Punkte)

   b) Erarbeiten Sie unter Anführung lateinischer Belege die übliche diplomatische Vorgehensweise. (6 Punkte)

4. Caesar gibt drei Gründe für seinen Rheinübergang an:

   1 den Germanen Angst einflößen
   2 die Sugambrer bestrafen
   3 die Ubier von der Bedrohung durch die Sueben befreien

   Weisen Sie anhand inhaltlicher Aspekte des lateinischen Textes und der Textfortsetzung nach, dass er alle Absichten erreicht hat. (6 Punkte)

Lösungsvorschläge

Übersetzung

Hinweis: Zur Übersetzung dieses Textes wird die Kenntnis der Bedeutung einiger Vokabeln vorausgesetzt, die bei Caesar häufig vorkommen, so civitas, legatus, obsides *(Pl.)*, fines *(Pl.)*, sua *(substantiviertes Possessivpronomen im neutr. Pl.)* und frumentum. Auch Deponentien kommen vor – hier als Partizip.
Verdeutlichen Sie sich den Satzaufbau bei längeren Satzperioden durch Kennzeichnung der Konnektoren. Es gibt im vorliegenden Text außer einem AcI mehrere Partizipialkonstruktionen *(participium coniunctum und ablativus absolutus)*, die eine genaue Satzanalyse erfordern. Kennzeichnen Sie das Partizip und das Beziehungswort, machen Sie deutlich, was zur Partizipaussage gehört, und beachten Sie die Reihenfolge der Verbalaussagen in einem Satz mit einer Partizipialkonstruktion.

(Anforderungsbereich III)

Inzwischen kamen von mehreren Stämmen Gesandte zu ihm; diesen, die um Frieden und Freundschaft baten, antwortete er freundlich und befahl ihnen, Geiseln zu ihm zu bringen (*wörtlich:* dass Geiseln zu ihm gebracht wurden). Die Sugambrer hatten, nachdem sie von dem Zeitpunkt an, als begonnen wurde, die Brücke zu bauen, ihre Flucht vorbereitet, ihr Gebiet verlassen und all ihr Hab und Gut/all ihren Besitz herausgebracht und und sich in der Einöde und den Wäldern versteckt. Caesar hielt sich wenige Tage in ihrem Gebiet auf, steckte alle Dörfer und Gehöfte in Brand und ließ das Getreide *(im Text Pl.)* abmähen *(Partizipien mit Beiordnung übersetzt)* und anschließend *(temporales Sinnverhältnis)* zog er sich in das Gebiet der Ubier zurück und, nachdem er diesen seine Hilfe versprochen hatte *(Partizip mit temporalem Sinnverhältnis übersetzt)*, falls sie von den Sueben bedrängt würden *(Konjunktiv der indirekten Rede, abhängig von* pollicitus), erfuhr er Folgendes von ihnen:

Caes. B. G. 4, 18 f.

Hinweis zur Bewertung: Die Fehlergrenze für die Note ausreichend liegt bei 9 Fehlerpunkten (12 % der Wortzahl).

Zusatzaufgaben

1. ✏ *Hinweis: Geben Sie zusätzlich zur Übersetzung in Klammern auch die gewählte Übersetzungsart an.* *(Anforderungsbereich I–II)*

   Sugambri **fuga comparata** finibus suis excesserant.
   - Nachdem sie die Flucht vorbereitet hatten, hatten die Sugambrer ihr Gebiet verlassen. *(Adverbialsatz, kryptoaktive Übersetzung)*
   - Nach Vorbereitung der Flucht hatten die Sugambrer ihr Gebiet verlassen. *(Präpositionalausdruck)*
   - Die Sugambrer hatten die Flucht vorbereitet und daraufhin ihr Gebiet verlassen. *(Beiordnung)* (6 Punkte)

   Hinweis zur Bewertung: Die Hälfte der Punktzahl wird erreicht, wenn zwei Varianten richtig formuliert worden sind und zu einer die Übersetzungsart angegeben worden ist.

2. ✏ *Hinweis: Die Prädikate sollen der Reihe nach aufgelistet werden. So können Sie schneller die Gruppen erkennen und das Tempus bestimmen. Die Begründung soll einen inhaltlichen Bezug haben.* *(Anforderungsbereich I–II)*

PRÄDIKATE	TEMPUS	BEGRÜNDUNG
veniunt respondet iubet	historisches Präsens	Spannung oder Höhepunkt: Caesar kommt mit Soldaten in ein fremdes Gebiet – was passiert?
excesserant exportaverant se abdiderant	Plusquamperfekt	Aktionen der Sugambrer vor der Ankunft Caesars in ihrem Wohngebiet, die bereits geschehen und somit abgeschlossen sind.
se recepit cognovit	historisches Perfekt	Neutraler Bericht über das Geschehen nach dem Vorgehen Caesars im Gebiet der Sugambrer

   (12 Punkte)

   Hinweis zur Bewertung: Die Hälfte der Punktzahl wird erreicht, wenn alle Prädikate zu Gruppen zusammengestellt und die Tempora richtig bestimmt worden sind.
   Alternative: Zwei Gruppen sind richtig zusammengestellt und bestimmt worden und die Begründung ist für ein Tempus vollständig oder für zwei Tempora teilweise erfolgt.

3. a) ✏ *Hinweis: Verdeutlichen Sie sich die Situation und die Alternativen. Sie können hier auf Ihr Sachwissen zur Caesarlektüre zurückgreifen.*
   (Anforderungsbereich II)

   - Folgende Situation ist gemeint: Der Feldherr Caesar marschiert mit einem Heer in ein Gebiet ein, dessen Bewohner **den Römern neutral** gegenüberstehen. Man kann sich vorstellen, dass die Verbreitung der Nachricht „Caesar ist mit Soldaten einmarschiert" und der Anblick römischer Trup-

pen **Angst** erzeugen oder die Besorgnis erwecken kann, dass eigenes Land geplündert wird. (2 Punkte)
- Man hat nur **zwei Alternativen**: Entweder **stellt** man sich den Römern **entgegen** und schließt sich evtl. mit denen zusammen, die das Angriffsziel Caesars sind, dann riskiert man eigene Verluste, vielleicht sogar die Niederlage, <u>oder</u> man kommt den Römern zuvor, indem man sich **auf ihre Seite** stellt. (2 Punkte)
- Diese **zweite Alternative** ist die **bessere**, da die **Römer zuverlässige Partner** sind. Man ist zwar kein gleichberechtigter Partner und muss angesichts der römischen Machtstellung Nachteile in Kauf nehmen, z. B. Getreide an das römische Heer liefern und evtl. Soldaten stellen, genießt aber den **Schutz des römischen Volkes**, der vertragsgemäß abgesichert ist. (2 Punkte)

Hinweis zur Bewertung: Die Hälfte der Punktzahl wird erreicht, wenn die Situation und die beiden Alternativen in Grundzügen deutlich gemacht worden sind und die bessere Alternative mit entsprechender Begründung herausgestellt worden ist.

b) *Hinweis: Der im Text vorliegende Fall soll verallgemeinert werden. Unterscheiden Sie deutlich die beiden betroffenen Seiten und führen Sie die lateinischen Textbelege an.* (Anforderungsbereich II)

Dies sind die **diplomatischen Schritte**, die erfolgen, wenn ein Volk sich **freiwillig** auf die Seite der Römer stellen möchte:
1 **Gesandte** kommen zu Caesar (*ad eum legati veniunt*, Z. 1);
2 Bitte um **Frieden und Freundschaft** (*pacem ... petentibus*, Z. 1/2);
3 **Caesar** reagiert **großzügig** darauf (*liberaliter respondet*, Z. 2), was bedeutet, dass er ihrer Bitte nachkommt;
4 vor Abschluss eines entsprechenden Freundschaftsvertrages muss Caesar die Garantie haben, dass sich die Stämme an die Absprache halten. Daher fordert er die **Stellung von Geiseln** (*obsidesque ad se adduci iubet*, Z. 2)
(6 Punkte)

Hinweis zur Bewertung: Die Hälfte der Punktzahl wird erreicht, wenn die Verallgemeinerung des Vorgehens deutlich geworden ist und zumindest zwei Schritte mit Textbelegen in ihrem Zusammenhang erarbeitet worden sind.

4. ✎ *Hinweis: Suchen Sie zu jedem genannten Grund einen passenden inhaltlichen Aspekt und zeigen Sie, woran man erkennen kann, dass Caesar sein Ziel erreicht hat.* *(Anforderungsbereich II–III)*

Zu 1: Caesar wollte den Germanen Angst machen:
Das hat er erreicht, denn die Sugambrer haben <u>aus Angst vor den Römern</u> ihr Gebiet verlassen und sich dort versteckt, wo man sie nicht finden kann (*Sugambri ... finibus suis excesserant ... silvas abdiderant*, Z. 3/4). (2 Punkte)

Zu 2: Caesar wollte die Sugambrer bestrafen:
Auch das hat er erreicht, indem er ihre Dörfer und Gehöfte zerstört und ihre Felder abgemäht hat (*vicis aedificiisque incensis ... succisis*, Z. 5/6) – <u>so hat er ihnen eine wichtige Lebensgrundlage genommen</u>. (2 Punkte)

Zu 3: Caesar wollte die Ubier von der Bedrohung durch die Sueben befreien:
Das ist ihm <u>indirekt</u> gelungen (vgl. Textfortsetzung), denn auch die Sueben haben sich aus ihren Wohngebieten in die Wälder zurückgezogen, nachdem sie vom Bau der Brücke erfahren hatten. Da sie an einem zentralen Ort die Römer erwarten wollten, um gegen diese zu kämpfen, <u>stellen sie zur Zeit keine Bedrohung für die Ubier</u> dar. (*Zusatz:* Dass Caesar persönlich die Ubier, die ihn ja um Hilfe gebeten hatten, aufsucht und ihnen für den Fall einer Bedrohung durch die Sueben seine Hilfe verspricht, kann auch als Nachweis dienen.) (2 Punkte)

Hinweis zur Bewertung: Die Hälfte der Punktzahl wird erreicht, wenn zu jedem der drei Ziele <u>ein</u> passender Aspekt als Nachweis angeführt worden ist.

Klassenarbeiten Latein
Übungsaufgabe 5: Nepos I

Im folgenden Text geht es um die Zeit, bevor der athenische Politiker Themistocles (ca. 524–459 v. Chr.) zum Feldherrn ernannt wurde.

Text

Fehler, die in Themistocles' früher Jugend vorkamen, wurden später durch große Vorzüge wettgemacht, und zwar in dem Maße, dass nur wenige ihm gleichgestellt werden konnten. Durch sein zu ausschweifendes Leben und seine Geldverschwendung hatte er das Missfallen seiner Eltern erregt und war von seinem Vater enterbt worden.

Quae contumelia non fregit eum, sed erexit:
Nam cum iudicasset sine summa industria non posse eam exstingui, totum se dedidit rei publicae, diligentius amicis famaeque serviens.
Multum in iudiciis privatis versabatur, saepe in contionem populi prodibat;
5 nulla res maior sine eo gerebatur. Celeriter, quae opus erant, reperiebat, facile eadem oratione explicabat; neque minus in rebus gerendis promptus quam (in rebus) excogitandis erat, quod et de instantibus (rebus) verissime iudicabat et de futuris (rebus) callidissime coniciebat.
Quo factum est, ut brevi tempore illustraretur.

(78 Wörter)

Übersetzungshilfen
Z. 1   contumelia, -ae *f.*: Schande
       eum: *gemeint:* Themistocles
       erigere, erigo, erexi: aufrichten, ermutigen
Z. 2   industria, -ae *f.*: Fleiß, Einsatz
Z. 3   servire: *hier:* bedacht sein auf
Z. 4   iudicium, -i *n.*: *hier:* Gerichtsverfahren, Prozess
       versari (in *m. Abl.*): sich (mit etw.) beschäftigen
       contio, -onis *f.*: Versammlung
       prodire, -eo, -ii (in *m. Akk.*): auftreten (bei)
Z. 6   promptus, -a, -um: eifrig, entschlossen
Z. 7   excogitare: ausdenken, erfinden
       instans, instantis: gegenwärtig
Z. 8   callidus, -a, -um: klug
Z. 9   illustrari: zu Ruhm gelangen

Aufgabenstellung

Übersetzung

Übersetzen Sie den Text ins Deutsche.

Zusatzaufgaben

1. Analysieren Sie die nd-Konstrukion *in rebus gerendis* (Z. 6); analysieren Sie entsprechend die Konstruktion *res gerendae sunt*. (4 Punkte)

2. Nennen Sie Merkmale einer Biografie und weisen Sie sie an entsprechenden Aspekten der dem Text vorangestellten Inhaltswiedergabe nach. (6 Punkte)

3. Zeigen Sie, wie in Z. 2 durch sprachlich-stilistische Mittel ein besonderer Charakterzug des Themistocles verdeutlicht wird. (8 Punkte)

4. Erklären Sie die Funktion des Tempus der Prädikate im Text in Z. 4–8. (6 Punkte)

5. Erörtern Sie die Aussage möglicher politischer Gegner, hinter Themistocles' Handeln stecke politisches Kalkül. Nehmen Sie dabei Bezug auf die Textstelle *diligentius amicis famaeque serviens* (Z. 3). (4 Punkte)

Lösungsvorschläge

Übersetzung

Hinweis: Der Schreibstil des Nepos unterscheidet sich nicht vom klassischen Stil Caesars. Auf folgende Besonderheiten sollten Sie beim vorliegenden Text achten: In Z. 1 und Z. 9 liegt ein relativer Satzanschluss vor, in Z. 3 findet sich ein Adverb im Komparativ ohne Vergleichswort sowie ein Partizip Präsens Aktiv, in Z. 7 und Z. 8 gibt es jeweils ein Adverb im Elativ. In Z. 2 finden Sie eine Verbform mit verkürztem Perfektstamm (die Buchstaben vi *sind weggefallen) und in Z. 6/7 zwei nd-Konstruktionen.* (Anforderungsbereich III)

Diese Schande machte ihn nicht mutlos (*wörtlich:* zerbrach ihn nicht), sondern ermutigte ihn: Denn als er geurteilt/entschieden hatte, dass sie ohne höchsten Einsatz nicht ausgelöscht werden konnte, widmete er sich ganz dem Staat und war (dabei) ziemlich sorgfältig auf Freunde und seinen guten Ruf bedacht.
Viel beschäftigte er sich mit privaten Prozessen, oft trat er bei der Volksversammlung auf; keine bedeutendere/ziemlich bedeutende Angelegenheit wurde ohne ihn ausgeführt. Schnell fand er heraus, was nötig war, leicht konnte er dasselbe in einer Rede erklären; und nicht weniger entschlossen war er bei der Ausführung von Plänen (*wörtlich:* Dingen) als bei ihrer Erfindung, weil er einerseits über gegenwärtige Angelegenheiten sehr richtig urteilte und andererseits über zukünftige sehr klug Vermutungen anstellte. Dadurch geschah es, dass er in kurzer Zeit zu Ruhm gelangte.

Nep. Them. 1, 3–4

Hinweis zur Bewertung: Die Fehlergrenze für die Note ausreichend liegt bei 10 Fehlerpunkten (12 % der Wortzahl).

Zusatzaufgaben

1. *Hinweis: Bestimmen Sie Kasus und Numerus der nd-Form sowie die Funktion des Substantivs und verwenden Sie zur Bezeichnung der jeweiligen Konstruktion die grammatischen Fachbegriffe.* (Anforderungsbereich I)

   - in rebus gerendis: Die nd-Form *in gerendis* steht im Ablativ Plural; das Substantiv *rebus* steht in KNG-Kongruenz, ist also formal ein Bezugswort zur nd-Form; inhaltlich entspricht es einem Akkusativobjekt zur Verbalform. Bei der nd-Konstruktion handelt es sich also um ein attributives Gerundivum. (2 Punkte)
   - res gerendae sunt: Die nd-Form *gerendae* steht im Nominativ Plural und bildet als Prädikatsnomen mit *sunt* das Prädikat; *res* ist das zugehörige Subjekt im Nominativ Plural; da es femininum ist, ist auch das Prädikatsnomen *gerendae* femininum. Bei der nd-Konstruktion handelt es sich also um ein prädikatives Gerundivum. (2 Punkte)

   Hinweis zur Bewertung: Die Hälfte der Punktzahl wird erreicht, wenn die nd-Formen richtig bestimmt und bei <u>einer</u> Konstruktion die Funktion des Substantivs erläutert oder der Fachbegriff für die Konstruktion genannt worden ist.

2. ✏ *Hinweis: Zum Lösen des ersten Teils der Aufgabe ist Unterrichtswissen wiederzugeben, im zweiten Teil erfolgt die Übertragung auf den konkreten Sachverhalt.* *(Anforderungsbereich I–II)*

Unter einer Biografie versteht man eine **Lebensbeschreibung**. Darin werden die Lebensumstände bzw. das **Schicksal** eines **berühmten Menschen** von der Geburt bzw. seiner Herkunft bis zum Tod geschildert sowie seine besonderen **Leistungen** herausgestellt. Außerdem wird sein **Charakter** beschrieben, wobei evtl. auch negative Aspekte nicht verschwiegen werden. (3 Punkte)

In der Inhaltswiedergabe der dem lateinischen Text vorhergehenden Sätze kann man einige Elemente einer Biografie wiederfinden: Es geht um eine **berühmte Persönlichkeit**, wie man aus dem Texthinweis entnehmen kann, den Politiker und Feldherrn **Themistocles**. Unter anderem wird aus seiner frühen Jugend berichtet, in der er einen zu leichtfertigen Lebenswandel geführt hat. Als besonders positiv wird erwähnt, dass er später seine Fehler durch besondere Vorzüge mehr als gut gemacht hat. Der **Charakter** des Themistocles wird also besonders herausgestellt. (3 Punkte)

Hinweis zur Bewertung: Die Hälfte der Punktzahl wird erreicht, wenn im ersten Teil zwei Merkmale genannt worden sind und im zweiten Teil <u>ein</u> Aspekt der Inhaltswiedergabe als Nachweis für eine Biografie dargestellt worden ist.

3. ✏ *Hinweis: Lesen Sie den lateinischen Text sowie Ihre Übersetzung genau durch und kennzeichnen Sie, wo Ihnen bei der Beschreibung der Eigenschaften des Alcibiades Besonderheiten bezüglich sprachlich-stilistischer Mittel auffallen: Wortwahl, Wortstellung, Stilmittel. Stellen Sie die Ergebnisse Ihrer Überlegung im Hinblick auf die Aufgabenstellung dar.* *(Anforderungsbereich I–II)*

In Z. 2 beginnt der AcI nicht mit dem Subjektsakkusativ *eam*, sondern mit einer aus drei Wörtern bestehenden adverbialen Bestimmung: *sine summa industria*, die, außer durch die auffällige **Anfangsstellung,** durch die **s-Alliteration** und die Wahl des **positiv konnotierten Adjektivs** *summa* besonders betont wird. Durch die Präposition *sine* ergibt sich zusammen mit der anschließenden Verneinung *non* eine doppelte Verneinung, eine **Litotes**. Wenn man die Übersetzung umformuliert, ergibt sich die Aussage „<u>Nur mit höchstem Einsatz</u> kann die Schande getilgt werden". Der Infinitiv *exstingui* steht mit dem Subjektsakkusativ betont am **Schluss.** (5 Punkte)

Durch diese sprachlichen Besonderheiten wird herausgestellt, dass der junge Themistocles die ihm peinliche **Tatsache der Enterbung** wegen seines ausschweifenden Lebenswandels bewusst mit höchster Anstrengung wettmachen wollte. Er wollte sie aus dem Gedächtnis seiner Umwelt löschen. Es ist ersichtlich, dass Themistocles **sehr ehrgeizig** war. (3 Punkte)

Hinweis zur Bewertung: Die Hälfte der Punktzahl wird erreicht, wenn zwei sprachliche Auffälligkeiten beschrieben und im Hinblick auf die Haltung des Themistocles gedeutet worden sind.

4. ✏ *Hinweis: Die Funktion der Tempora in einem Text kennen Sie aus den im Unterricht behandelten Lehrbuchtexten und aus der Originallektüre. Sie wissen, dass die Funktion vom Inhalt her zu begründen ist, aber auch durch Verwendung bestimmter Adverbien zusätzlich unterstützt werden kann. Übertragen Sie – ausgehend von der allgemeinen Funktion des verwendeten Tempus – Ihr Wissen auf die genannte Textstelle.* (Anforderungsbereich II)

Im Textabschnitt Z. 4–8 stehen alle Prädikate im **Imperfekt**. Das Imperfekt ist im Allgemeinen das Tempus, das für die Beschreibung eines **Zustandes** oder immer **wiederkehrender Abläufe** in der Vergangenheit benutzt wird. (2 Punkte)
In diesem Abschnitt wird einerseits beschrieben, in welchen Bereichen sich Themistocles regelmäßig engagierte, um sich einen guten Namen in der Öffentlichkeit zu machen, und andererseits werden seine **Tüchtigkeit** bzw. seine besonderen Begabungen verdeutlicht. Es handelt sich demnach nicht um einzelne Geschehnisse, sondern erstens um **regelmäßig wiederkehrende** bzw. sich wiederholende **Tätigkeiten**, wie man an den Adverbien *multum* – „viel" und *saepe* – „oft" in Z. 4 erkennen kann, zweitens geht es um den Besitz **geistiger Fähigkeiten**, die für alle erkennbar sind und von denen Themistocles klugen Gebrauch macht. (4 Punkte)

Hinweis zur Bewertung: Die Hälfte der Punktzahl wird erreicht, wenn das Tempus benannt und seine Funktion im Allgemeinen beschrieben worden ist. Die Begründung der Verwendung sollte unter Berücksichtigung lateinischer Belege im Hinblick auf <u>einen</u> Aspekt des Textes deutlich gemacht worden sein.

5. ✏ *Hinweis: Versetzen Sie sich in die Rolle eines politischen Gegners des Themistocles und stellen Sie sich vor, er hört die betreffenden Aussagen. Wie wird er sie vermutlich beurteilen?* (Anforderungsbereich III)

Themistocles wird als Politiker, der sich intensiv für den Staat einsetzt (*totum se dedidit rei publicae*, Z. 2/3), sicher politische Gegner gehabt haben. Dass diese die betreffenden Aussagen über ihn, die wohl neutral gemeint sind, aus einem eher negativen Blickwinkel sehen, ist vorstellbar. (2 Punkte)
Die Aussage *amicis serviens* könnte ein Gegner folgendermaßen werten: „Themistocles hat kein Interesse an echter Freundschaft, sondern will nur Menschen für sich gewinnen, die ihm in seiner Karriere nützlich sein können."
Die Aussage *famae serviens* könnte so beurteilt werden: „Für Themistocles ist es nur wichtig, dass man positiv über ihn denkt; um seinen guten Ruf nicht zu riskieren, wird er auch wohl die Interessen des Staates in den Hintergrund stellen."
(2 Punkte)

Hinweis zur Bewertung: Die Hälfte der Punktzahl wird erreicht, wenn der Textzusammenhang – der Einsatz des Themistocles als Politiker – deutlich geworden ist und jeder Aussage ein negativer Teilaspekt zugewiesen wird.

Klassenarbeiten Latein
Übungsaufgabe 6: Nepos II

Nepos berichtet in seiner Biografiensammlung über den athenischen Politiker und Feldherrn Alcibiades (450–404 v. Chr.)

Text

An Alcibiades scheint die Natur erprobt zu haben, was sie bewirken kann.

Constat enim nihil illo fuisse excellentius vel in vitiis vel in virtutibus. Natus in amplissima civitate (et) summo genere, omnium aetatis suae multo formosissimus. Ad omnes res aptus consiliique plenus; disertus, ut imprimis dicendo valeret, quod tanta erat commendatio oris atque orationis, ut nemo ei dicendo posset resistere.
5 Dives. Cum tempus posceret, laboriosus (et) patiens; liberalis (et) splendidus non minus in vita quam (in) victu; affabilis, blandus, temporibus callidissime serviens. *Idem, simulac se remiserat neque causa suberat, quare animi laborem perferret, luxuriosus, dissolutus, libidinosus, intemperans reperiebatur,* ut omnes admirarentur in uno homine tantam esse dissimilitudinem tamque diversam naturam.

(82 Wörter)

Übersetzungshilfen
Z. 1 excellens, excellentis: herausragend
vel … vel = aut … aut
Z. 1–6: *In den Hauptsätzen sind die Prädikate unvollständig; die Kopula* erat *ist zu ergänzen.*
Z. 2 formosus, -a, -um = pulcher
Z. 3 aptus, -a, -um (ad): geschickt (in)
consilium, -i *n.: hier:* Klugheit
disertus, -a, -um: redegewandt
Z. 4 commendatio, -onis *f.*: Wert
os, -oris *n.: hier:* Stimme
oratio, -onis *f.: hier:* Redeweise
Z. 5 cum: wenn
laboriosus, -a, -um: arbeitsam
patiens, patientis: ausdauernd
liberalis, -e: freigebig
splendidus, -a, -um: aufwendig / großzügig
Z. 6 vita, -ae *f.: hier:* Lebensweise
victus, -us *m.*: Lebensart *(meist in Bezug auf das Essen gemeint)*
affabilis, -e: umgänglich
callidus, -a, -um: schlau
servire: *hier:* sich anpassen
Z. 7/8 *Idem … reperiebatur:* Übersetzung: Derselbe Mann zeigte sich, sobald er sich hatte gehenlassen und kein Grund bestand, weshalb er eine geistige Anstrengung aushalten musste, *ausschweifend, gleichgültig, zügellos und maßlos*
Z. 8 admirari: sich wundern / erstaunt sein
Z. 9 dissimilitudo, -inis *f.*: Verschiedenartigkeit

Aufgabenstellung

Übersetzung

Übersetzen Sie den Text ins Deutsche.

Zusatzaufgaben

1. Analysieren Sie die besondere Wortstellung und die Verwendung eines rhetorischen Stilmittels in Z. 1. (6 Punkte)

2. Erläutern Sie die Funktion des Satzes Z. 1/2 im Rahmen der Biografie. Beschreiben und begründen Sie Auffälligkeiten in der Wortwahl. (8 Punkte)

3. a) Weisen Sie anhand entsprechender lateinischer Textbelege nach, dass Nepos bei der Beschreibung des Alcibiades positiven Eigenschaften negative gegenüberstellt. (4 Punkte)

   b) Arbeiten Sie zwei Beispiele heraus, die belegen, dass Alcibiades reich war. (4 Punkte)

   c) Bewerten Sie die in Z. 6 genannten Eigenschaften. (4 Punkte)

Lösungsvorschläge

Übersetzung

Hinweis: Der Text besteht vorwiegend aus Hauptsatzaussagen, die eine unverbundene Aneinanderreihung von Prädikatsnomina darstellen. An besonderen Formen tritt in Z. 1 ein Ablativus comparationis auf, sowie in Z. 3 und Z. 4 ein Gerundium im Ablativ. Beim Durchlesen der zahlreichen Vokabelangaben erhalten Sie schon eine umfassende Vorstellung von Alcibiades. (Anforderungsbereich III)

Es steht nämlich fest, dass nichts herausragender gewesen ist als jener, weder in Bezug auf Fehler noch in Bezug auf gute Eigenschaften. Geboren war er in einem sehr bedeutenden Staat und stammte aus einer sehr berühmten Familie, von allen Altersgenossen (*wörtlich:* allen seines Alters) war er bei Weitem der Schönste. In allen Bereichen (*wörtlich:* Dingen) war er geschickt und er war äußerst klug (*wörtlich:* voller Klugheit); er war redegewandt, sodass er vor allem durch Reden Einfluss hatte, weil der Wert seiner Stimme und Redeweise so groß/bedeutend war, dass niemand ihm sich durch Reden widersetzen konnte. Er war reich. Wenn es die Zeit erforderte, war er arbeitsam und ausdauernd; er war freigebig und großzügig in seiner Lebensweise genauso wie in seiner Lebensart; er war umgänglich, schmeichlerisch und passte sich sehr schlau den Zeitumständen an.

Derselbe Mann zeigte sich, sobald er sich hatte gehenlassen und kein Grund bestand, weshalb er eine geistige Anstrengung aushalten musste, ausschweifend, gleichgültig, zügellos und maßlos, sodass alle sich darüber wunderten, dass bei einem einzigen Mann eine so große Verschiedenartigkeit und eine so entgegengesetzte Naturanlage vorhanden war. *Nep. Alc. 1, 1–4 i. A.*

Hinweis zur Bewertung: Die Fehlergrenze für die Note ausreichend liegt bei 10 Fehlerpunkten (12 % der Wortzahl).

Zusatzaufgaben

1. *Hinweis: Die besondere Wortstellung und das zu benennende rhetorische Stilmittel sind an lateinischen Belegen festzumachen. Die Absicht, die der Autor mit diesen stilistischen Mitteln verfolgt, ist damit in Verbindung zu bringen.*
   (Anforderungsbereich I–II)

   Mit dem Prädikat *constat* am **Anfang des Satzes** wird auf die folgende allgemein bekannte Tatsache hingewiesen, dass Alcibiades einen besonderen Charakter hatte. Die AcI-Aussage *nihil illo excellentius fuisse,* gefolgt von *vel* in *vitiis vel in virtutibus,* hebt hervor, dass dieser Mann sich gleichermaßen durch Fehler, also negative Charaktermerkmale, wie durch Vorzüge, d. h. positive Eigenschaften, auszeichnete. Dabei bekommt dieser Aspekt durch die **v-Alliteration** und die **Schlussstellung** eine besondere Betonung, wobei die positiven Eigenschaften als **an letzter Stelle** genannte Merkmale extra hervorgehoben werden. (6 Punkte)

   Hinweis zur Bewertung: Die Hälfte der Punktzahl wird erreicht, wenn zwei sprachlich-stilistische Besonderheiten beschrieben und im Textzusammenhang gedeutet worden sind.

2. *Hinweis: Die Funktion des Satzes ergibt sich aus dem Inhalt unter Bezugnahme auf die Textart Biografie. Die auffällige Wortwahl wird Ihnen schon bei der Übersetzung aufgefallen sein. Sie ist anhand lateinischer Textbelege zu beschreiben und zusammenfassend zu begründen.* (Anforderungsbereich II)

Da zu einer Biografie auch die Angaben über **Herkunft** und evtl. besondere **äußere Merkmale** einer Person gehören, werden diese Aspekte vom Autor in dem Satz Z. 1/2 genannt. Es handelt sich aber nicht um nüchterne Angaben, sondern in Anbetracht der dargestellten berühmten Persönlichkeit um **wertende Aussagen**. Jeder Aspekt erhält ein **positiv konnotiertes Adjektiv**, das zudem im Elativ steht. Alcibiades stammt aus einer sehr bedeutenden Bürgerschaft *(natus in amplissima civitate)* und entstammt einer sehr berühmten (wohl adligen) Familie *(summo genere)*. Außerdem zeichnet er sich vor allen Altersgenossen *(omnium aetatis suae)* durch besonders gutes/attraktives Aussehen aus *(formosissimus)*, wobei das Adjektiv noch durch das Adverb *multo* zusätzlich gesteigert wird. So wird vom Autor hervorgehoben, dass es sich bei Alcibiades schon von der Herkunft und von seinem Äußeren her um eine **herausragende Person** handelt.
(8 Punkte)

Hinweis zur Bewertung: Die Hälfte der Punktzahl wird erreicht, wenn die Funktion des Satzes unter Bezugnahme auf die Textart richtig erläutert und zwei Auffälligkeiten der Wortwahl erkannt und dargestellt worden sind.

3. a) *Hinweis: Lesen Sie nochmals Ihre Übersetzung durch und markieren Sie im Text die Stellen, an denen Eigenschaften des Alcibiades genannt werden. Wählen Sie für jeden Bereich (positive und negative Eigenschaften) eine Farbe und markieren Sie die zugehörigen lateinischen Textstellen. Belegen Sie, dass Nepos positive und negative Eigenschaften gleichermaßen erwähnt und sie einander gegenüberstellt.* (Anforderungsbereich II)

Bei der Charakterisierung des Alcibiades stellt Nepos in Z. 1 der Tatsache, dass er durch seine guten Eigenschaften herausragte *(in virtutibus)*, gegenüber, dass er auch durch seine Fehler hervortrat *(in vitiis)*. Dass er ein freigebiger, umgänglicher und schmeichlerischer Mensch war *(liberalis, Z. 5; affabilis, blandus, temporibus callidissime serviens, Z. 6)*, wird seinen negativen Eigenschaften gegenübergestellt: Er war auch ausschweifend, gleichgültig, zügellos und maßlos *(luxuriosus, dissolutus, libidinosus, intemperans, Z. 8)*. (4 Punkte)

Hinweis zur Bewertung: Die Hälfte der Punktzahl wird erreicht, wenn der Gegensatz *virtutes – vitia* umschrieben und an zwei Beispielen festgemacht worden ist.

b) *Hinweis: Alcibiades' Reichtum soll anhand von zwei Beispielen aus dem Text erschlossen und belegt werden.* (Anforderungsbereich II)

Dass Alcibiades ein reicher Mann war, erwähnt Nepos in Z. 5 *(dives)*. Er muss wohl sehr reich gewesen sein, wenn diese Tatsache in einer Biografie extra erwähnt wird. Sein Reichtum wird deutlich, wenn Nepos seine Eigenschaften „**Freigebigkeit** gegenüber anderen" *(liberalis ... in vita, Z. 5/6)* und „**Großzügigkeit** in seiner persönlichen Lebensführung" *(liberalis ... in victu, Z. 5/6)* heraushebt. Beides kann man sich nur im großen Maße leisten, wenn man vermögend ist. (4 Punkte)

Hinweis zur Bewertung: Die Hälfte der Punktzahl wird erreicht, wenn ein Textbeispiel erschlossen und belegt worden ist.

c) *Hinweis: Hier sollen Sie zu den Eigenschaften des Alcibiades eine begründete Einschätzung geben. Es ist demnach Ihre eigene Meinung gefragt.* (Anforderungsbereich III)

Unter anderem wird gesagt, wie Alcibiades sich im Umgang mit anderen Menschen verhielt: Man konnte ihn sicher gut um sich haben und bekam **keinen Streit** mit ihm *(affabilis, Z. 6)*. Das ist **positiv** zu bewerten. Andererseits redete er den Menschen „nach dem Mund" *(blandus, Z. 6)*. Das ist **nicht ehrlich**, sondern ein Verhalten, das deutlich zeigt, dass man nur seinen eigenen Vorteil im Auge hat. Die letzte Aussage betont seine **Anpassungsfähigkeit** in allen Situationen *(temporibus ... serviens, Z. 6)*. Das ist im Prinzip eine positive Eigenschaft. Dass diese Fähigkeit aber wohl nicht immer uneigennützig eingesetzt wurde, zeigt das Adverb *callidissime* (Z. 6). (4 Punkte)

Hinweis zur Bewertung: Die Hälfte der Punktzahl wird erreicht, wenn z. B. zum Verhalten des Alcibiades gegenüber anderen Menschen ein begründetes Werturteil abgegeben worden ist.

Klassenarbeiten Latein
Übungsaufgabe 7: Catull I

Text A

Catull stellt Quintia vor, ein Mädchen aus seinem Bekanntenkreis, und vergleicht ihr Aussehen mit dem seiner Geliebten Lesbia.

Quintia formosa est multis, mihi candida, longa,
recta est. Haec ego sic singula confiteor,
totum illud „formosa" nego: nam nulla venustas,
nulla in tam magno est corpore mica salis.
5 Lesbia formosa est, quae cum pulcherrima tota est,
tum omnibus una omnes subripuit Veneres.

(43 Wörter)

Übersetzungshilfen
V. 1   formosus, -a, -um: schön
       multis, mihi: *übersetzen Sie den Dativ mit „für"*
       candidus, -a, -um: strahlend weiß *(weiße Hautfarbe galt bei den Römern als schön)*
V. 2   rectus, -a, -um: gerade gewachsen
       singula *(bezieht sich auf haec)*: im Einzelnen
V. 3   totum illud: jenes Gesamturteil
       venustas, venustatis *f.*: Anmut, Liebreiz
V. 4   mica, -ae *f.*: Spur
       sal, salis *m.*: *hier:* Liebreiz, Charme
V. 5/6 cum … tum: einerseits … andererseits
V. 5   tota *(prädikativ gebraucht)*: im Ganzen
V. 6   subripere, -ripui: wegnehmen, entziehen
       Veneres, -um *f.* *(Plural zu Venus)*: Attribute/Liebreiz der Venus

Text B

Der Dichter redet ein Mädchen an, von dem man erzählt, es sei schön.

Salve, nec minimo puella naso
nec bello pede nec nigris ocellis
nec longis digitis nec ore sicco
nec sane nimis elegante lingua …

(22 Wörter)

Übersetzungshilfen
V. 1   minimo … naso *(Abl. qualitatis)*: „ mit …" *(entsprechend in den folgenden Versen)*
V. 2   bellus, -a, -um: schön
       niger, nigra, nigrum: dunkel
       ocellus = oculus
V. 3   digitus, -i *m.*: Finger
       os, oris *n.*: *hier:* Mundwinkel
       siccus, -a, -um: trocken
V. 4   sane: wirklich
       elegans, -ntis: gewählt

Aufgabenstellung

Übersetzung

Übersetzen Sie **beide Texte** ins Deutsche.

Zusatzaufgaben

1. a) Stellen Sie aus **Text A** alle Begriffe zum Sachfeld „Schönheit" zusammen und erläutern Sie, aus welchem Blickwinkel der Dichter Schönheit beurteilt. (9 Punkte)
   b) Erschließen Sie aus **Text B**, welche Vorstellungen von Schönheit man zur Zeit des Dichters hatte, und stellen Sie sie im Zusammenhang dar. (3 Punkte)

2. a) Erläutern Sie anhand von **Text A**, wodurch sich die Schönheit Lesbias gegenüber der Schönheit Quintias nach Meinung Catulls auszeichnet. Führen Sie charakteristische Textbelege an. (8 Punkte)
   b) „*Quintias Schönheit beeindruckt Catull wenig.*"
   Belegen Sie diese Aussage, indem Sie sich auf stilistische Besonderheiten beziehen. (5 Punkte)

3. Beschreiben Sie den mythologischen Hintergrund zu den in **Text A** vorkommenden Begriffen **venustas** (V. 3) und **Veneres** (V. 6) und stellen Sie einen Zusammenhang mit der vorliegenden Thematik her. (8 Punkte)

Lösungsvorschläge

Übersetzung

🖋 **Hinweis zu Text A:** *Mit dem Dichter Catull vebinden Sie die Thematik Liebe und Lesbia, die er in seinen Gedichten namentlich – so auch hier – erwähnt und in den Mittelpunkt stellt. Formen und Pronomina der 1. Person Singular stehen für den Dichter, der seine Vorstellungen oder Gefühle beschreibt. Das vorherrschende Tempus ist das Präsens, daneben kommt auch das konstatierende Perfekt vor. Das Gedicht ist im Versmaß des elegischen Distichons geschrieben.*

(Anforderungsbereich III)

Quintia ist für viele schön, für mich ist sie strahlend weiß, groß, gerade gewachsen. Dies gebe ich im Einzelnen so zu, jenes Gesamturteil „schön" streite ich ab: denn keine Anmut, keine Spur von Liebreiz findet sich an dem so großen Körper.
Lesbia ist schön, die einerseits im Ganzen sehr schön/die Schönste ist, andererseits allen als einzige alle Attribute der Venus entzogen hat. *Catull c. 86*

🖋 **Hinweis zu Text B:** *Stellen Sie die Anrede* puella *hinter* Salve *und beachten Sie die Aneinanderreihung der Ablative durch den Konnektor* nec ... nec.

(Anforderungsbereich III)

Sei gegrüßt, Mädchen, weder mit sehr kleiner Nase, noch mit schönem Fuß / schönen Füßen, noch mit dunklen Augen, noch mit trockenem Mundwinkel / trockenen Mundwinkeln, noch wirklich mit allzu gewählter Sprache / Redeweise (*alternativ:* und auch wirklich nicht mit ...). *Catull c. 43*

Hinweis zur Bewertung: Die Fehlergrenze für die Note ausreichend liegt bei 8 Fehlerpunkten (12% der Wortzahl).

Zusatzaufgaben

1. a) 🖋 *Hinweis: Ein Sachfeld wird durch Wörter verschiedener Wortarten, die zu einem Thema passen, gebildet. Diese sind hier so anzuordnen, dass zwei verschiedene Blickwinkel auf den übergeordneten Sachbereich deutlich werden. In diesem Zusammenhang ist das Urteil des Dichters zu erläutern.*

(Anforderungsbereich I–II)

Der übergeordnete Begriff zum Thema Schönheit ist *formosa* (V. 1, 3, 5), der sich in **zwei Bedeutungsbereiche** teilt. Der eine Bereich ist Schönheit, die durch einzelne **äußere Eigenschaften** ins Auge fällt, der andere Schönheit, die im **Gesamteindruck** erkennbar ist. (3 Punkte)

	formosa
singula (V. 2)	*totum „formosa"* (V. 3) / *pulcherrima tota* (V. 5)
↓	↓ (Alternative)
candida, longa, recta (V. 1 / 2)	*venustas* (V. 3), *sal* (V. 4), *Veneres* (V. 6)
Kennzeichen: ansprechendes Äußeres	Kennzeichen: vollkommene Schönheit: Anmut, Charme

(6 Punkte)

Hinweis zur Bewertung: Die Hälfte der Punktzahl wird erreicht, wenn die Zusammenstellung der Begriffe vollständig ist und in sinngerechter Gegenüberstellung erfolgt ist.

b) *Hinweis: Die geforderte Erschließung ergibt sich, wenn Sie die Verneinungen weglassen und dann die Merkmale darstellen, die ein schönes Mädchen haben sollte.* *(Anforderungsbereich II)*

Folgende **Vorstellungen** brachte man mit **Schönheit** in Verbindung:
Ein Mädchen sollte eine sehr kleine Nase haben (V. 1), schöne Füße (V. 2) und schwarze Augen (V. 2). Ferner sollte sie lange Finger haben (V. 3) und trockene Mundwinkel (V. 3). Ihre Sprache/Redeweise sollte gewählt sein (V. 4), d. h. sie soll sich gut ausdrücken können. (3 Punkte)

Hinweis zur Bewertung: Die Hälfte der Punktzahl wird erreicht, wenn <u>drei</u> Merkmale aus dem Text erschlossen und dargestellt worden sind.

2. a) *Hinweis: Machen Sie in Ihren Ausführungen deutlich, dass in den Augen Catulls Lesbia die hübsche Quintia weit hinter sich lässt. Belegen Sie seine Meinung durch Anführung entsprechender Textstellen.*

(Anforderungsbereich II)

- Catull gibt zwar zu, dass **Quintia** sich durch äußere Merkmale auszeichnet, die man als **Schönheitsattribute** gelten lassen kann (*Quintia formosa est multis*, V. 1), aber diese Merkmale stellen für ihn nur Einzelheiten dar (*haec singula confiteor*, V. 2). Das **Gesamturteil „schön"** trifft aus seiner Sicht für sie **nicht** zu (*totum illud „formosa" nego*, V. 3). Als Begründung führt er an, dass ihr die Anmut, mit der man vollkommene Schönheit verbindet, fehlt (*nulla venustas, nulla mica salis*, V. 3/4). (4 Punkte)
- Im Gegensatz zu Quintia besitzt aber **Lesbia** diese **Anmut:** In V. 6 werden die Begriffe *venustas* und *sal* zu *omnes Veneres* zusammengefasst, d. h. Lesbia hat alle **Attribute der Venus** aufzuweisen und steht damit nicht nur über Quintia, sondern als einzige über allen (*omnibus una omnes subripuit Veneres*, V. 6). Daher ist sie im Ganzen die Schönste (*pulcherrima tota est*, V. 5). (4 Punkte)

Hinweis zur Bewertung: Die Hälfte der Punktzahl wird erreicht, wenn für Quintia und Lesbia jeweils <u>zwei</u> charakteristische Merkmale herausgestellt, lateinisch belegt und als Gegensatz verdeutlicht worden sind.

b) ✏ *Hinweis: Der Nachweis, dass die in der Aufgabenstellung vorgegebene Aussage richtig ist, ist anhand entsprechender stilistischer Mittel zu erbringen. Vergessen Sie dabei nicht die entsprechenden Textbelege.*
(Anforderungsbereich II)

Dass Catull von Quintias Schönheit wenig begeistert ist, wird in V. 1 durch die **Antithese** <u>m</u>ultis ↔ <u>m</u>ihi, die durch die **Alliteration** unterstrichen wird, deutlich: Seine Meinung zur Schönheit Quintias steht im Gegensatz zu der allgemeinen Ansicht. Diese unterschiedliche Ansicht von Schönheit wird durch einen **Chiasmus** hervorgehoben: <u>formosa</u> ... multis, mihi <u>candida</u>, <u>longa</u>, <u>recta</u> (V. 1/2). Was viele Leute für schön halten, sind für Catull nur schöne Äußerlichkeiten. Diesen Aspekt unterstreicht er durch die **Alliteration** in V. 2: <u>s</u>ic <u>s</u>ingula.

Catull lehnt im Hinblick auf Quintia das Gesamturteil „schön" ab und begründet diese Haltung anschließend. Unterstrichen wird die Ablehnung durch die **Alliteration** in V. 3: <u>n</u>ego <u>n</u>am <u>n</u>ulla. (5 Punkte)

Hinweis zur Bewertung: Die Hälfte der Punktzahl wird erreicht, wenn zwei rhetorische Stilmittel erkannt, benannt und beschrieben worden sind und die Deutung im thematischen Zusammenhang erfolgt ist.

3. ✏ *Hinweis: Hier sollten Sie ausgehend von speziellen lateinischen Substantiven Ihr Sachwissen zur römischen Mythologie, in diesem Fall zu den Gottheiten, anwenden. Dabei ist ein Bezug zur Thematik der vorliegenden Texte herzustellen.*
(Anforderungsbereich I–II)

- Der Begriff *Veneres* ist der Plural zu dem Namen der Göttin Venus und meint deren Eigenschaften oder **Attribute**. Dass auch der Begriff *venustas* in diesen Zusammenhang gehört, erkennt man an dem **Stamm** *venus-*. Beide Wörter enthalten die Bedeutung „Anmut, Liebreiz" und werden hier in den Zusammenhang mit der **vollkommenen Schönheit** gestellt. (3 Punkte)
- Die Göttin Venus, griechisch mit Aphrodite gleichgesetzt, ist in der Mythologie die **Göttin der Liebe und der Schönheit**. Daran erinnert das „Paris-Urteil", durch das Venus zur schönsten Göttin im Vergleich zu Juno (griech. Hera) und Minerva (griech. Athene) erklärt wurde und von dem trojanischen Königssohn Paris den goldenen Apfel mit der Aufschrift „*Pulcherrimae* – der Schönsten" erhielt. (3 Punkte)
- Da es in den vorliegenden Texten um das Thema Schönheit geht, ist der Zusammenhang mit der Göttin Venus gegeben. Daher sind die verwendeten Begriffe *venustas* und *Veneres* sehr passend. Indirekt stellt der Dichter sogar seine Geliebte **Lesbia** hinsichtlich ihrer Schönheit und Ausstrahlung auf **eine Stufe** mit der Göttin **Venus**. (2 Punkte)

Hinweis zur Bewertung: Die Hälfte der Punktzahl wird erreicht, wenn der mythologische Aspekt richtig herausgestellt worden ist und der Zusammenhang mit der Thematik deutlich geworden ist.

Klassenarbeiten Latein
Übungsaufgabe 8: Catull II

Text A

Catull spricht von seiner Beziehung zu Lesbia.

Iucundum, mea vita, mihi proponis amorem
hunc nostrum inter nos perpetuumque fore.
Di magni, facite, ut vere promittere possit
atque id sincere dicat et ex animo,
5 ut liceat nobis tota perducere vita
aeternum hoc sanctae foedus amicitiae!

(37 Wörter)

Übersetzungshilfen
V. 3   promittere: *Ergänzen Sie:* id
V. 3/4 possit, dicat: *Subjekt:* sie (= Lesbia)
V. 4   sincere *(Adv.)*: aufrichtig
       ex animo: von Herzen
V. 5   ut liceat: *Der ut-Satz ist dem GS V. 3/4 untergeordnet*
       perducere: fortsetzen, andauern lassen
V. 6   foedus, foederis *n.*: Bündnis, Liebesbund *(ebenso in* Text B V. 3)

Text B

Der Dichter bewertet seine Liebe zu Lesbia.

Nulla potest mulier tantum se dicere amatam
vere, quantum a me Lesbia amata mea est.
Nulla fides ullo fuit umquam in foedere tanta,
quanta in amore tuo ex parte reperta mea est.

(32 Wörter)

Übersetzungshilfen
V. 1/2 *Wortstellung:* Nulla mulier potest vere dicere se tantum amatam (esse)
       tantum ... quantum *(Adv.)*: so sehr ... wie
V. 3   ullo: *zu* foedere
V. 3/4 tanta ... quanta: so groß ... wie *(bezieht sich auf* fides)
V. 4   (in amore) tuo: (...) zu dir
       ex parte mea: von meiner Seite aus
       reperire, reperio, repperi, repertum: erweisen *(Ergänzen Sie:* dir)

Aufgabenstellung

Übersetzung

Übersetzen Sie **beide Texte** ins Deutsche.

Zusatzaufgaben

1. a) Erarbeiten Sie aus **Text A** anhand von Kernbegriffen die Rolle, die Catulls Beziehung zu Lesbia in seinem Leben spielt, und die damit verbundene Wunschvorstellung. (10 Punkte)

    b) Analysieren Sie das Distichon V. 5/6 von **Text A** metrisch und beschreiben Sie, welche Aspekte durch Zäsur und Betonung besonders hervorgehoben werden. (6 Punkte)

    V. 5: **ut liceat nobis tota perducere vita**

    V. 6: **aeternum hoc sanctae foedus amicitiae**

2. Weisen Sie anhand sprachlicher und inhaltlicher Besonderheiten in Text A nach, dass Catull Zweifel an den Versprechungen Lesbias hegt. (6 Punkte)

3. a) Erläutern Sie anhand des Tempusgebrauchs in **Text B**, in welcher Phase sich die Liebesbeziehung zwischen Catull und Lesbia befand, als das Gedicht verfasst wurde. (2 Punkte)

    b) Zeigen Sie an ausgewählten Textstellen aus **Text B**, in welcher Gefühlslage sich Catull beim Schreiben dieses Gedichts befunden hat. (4 Punkte)

    c) Entwerfen Sie auf Deutsch einen passenden Fortsetzungssatz zu **Text B**. (2 Punkte)

Lösungsvorschläge

Übersetzung

✐ Hinweis: In beiden Gedichten kommen gehäuft Pronomina der ersten Person Singular und Plural vor, die Catull und seine Verbindung mit Lesbia betreffen. Mit der 2. Person Singular ist Lesbia gemeint. Von daher ist damit zu rechnen, dass es hier um persönliche Gefühle geht, was durch die vorkommenden Wörter aus dem Bereich „Liebe" bestätigt wird.
Bei der Vorbereitung der Übersetzung empfiehlt es sich, jeweils ein Distichon vom Aufbau her zu analysieren und die dichterische Wortstellung (Hyperbata!) durch Verbindungsbögen oder Pfeile zu verdeutlichen. In V. 4 findet sich sogar ein doppeltes Hyperbaton. (Anforderungsbereich III)

Text A

Dass diese unsere gegenseitige Liebe erfreulich sein werde, mein Leben, und dass sie unaufhörlich sein werde, stellst du mir in Aussicht.
Ihr großen Götter, macht/sorgt dafür, dass sie dies ehrlich versprechen kann und dass sie dies aufrichtig sagt und von Herzen, damit/sodass es uns erlaubt ist, unser ganzes Leben (*wörtlich:* das ganze Leben hindurch) diesen ewigen Liebesbund der heiligen Freundschaft andauern zu lassen!

Text B

Keine Frau kann ehrlich sagen, dass sie so sehr geliebt worden sei, wie meine Lesbia von mir geliebt worden ist.
Keine Treue ist jemals in irgendeinem Liebesbund so groß gewesen, wie sie in meiner Liebe zu dir von meiner Seite aus dir erwiesen worden ist.   *Catull c. 109/c. 87*

Hinweis zur Bewertung: Die Fehlergrenze für die Note ausreichend liegt bei 8 Fehlerpunkten (12% der Wortzahl).

Zusatzaufgaben

1. a) *✐ Hinweis: Bei der Bearbeitung der Aufgabe sollten Sie von Wörtern ausgehen, die sich wiederholen oder ihrer Bedeutung nach zusammenpassen, d. h. zu einem Wortfeld gehören. Der thematische Aspekt, unter dem die Begriffe zu deuten sind, ist in der Aufgabenstellung vorgegeben.*

   (Anforderungsbereich II)

   - Die **Beziehung** zu Lesbia ist für Catull äußerst **wichtig**, wie man aus der Anrede *mea vita* in V. 1 entnehmen kann: Lesbia ist der Lebensinhalt für ihn. In V. 1/2 fällt die Wendung *amorem hunc nostrum inter nos* auf, in der das Substantiv *amorem* drei Attribute aufweist, die für das Textverständnis nicht erforderlich sind. Das attributive Pronomen *hunc* weist auf die **Bedeutung der Liebe** für den Sprecher, also hier Catull, hin. Die Begriffe *nostrum* und *inter nos*, die fast synonym sind, stellen die **Beidsei-**

tigkeit ihrer **Liebe** heraus. Catull betont damit gegenüber Lesbia das „**Wir-Gefühl**", das sie beide verbindet. (5 Punkte)
- Sein Wunsch ist es, dass ihre **Liebesbeziehung andauert**, was man an **synonymen Wörtern** aus dem Bereich „Dauerhaftigkeit" erkennen kann: In V. 2 findet sich das Adjektiv *perpetuum*, in V. 5 wird die Dauerhaftigkeit mit der Wendung *tota vita perducere* und in V. 6 mit dem Begriff *aternum foedus* bezeichnet. Das Pronomen *hoc* hebt wieder die Nähe zum Sprecher/Schreiber hervor. Auch die Beidseitigkeit, die ihm so wichtig ist, wird wieder herausgestellt – durch das Pronomen *nobis* (V. 5). Das Liebesbündnis ist in den Augen Catulls etwas Heiliges, hier ausgedrückt durch *sanctae amicitiae* (V. 6). (5 Punkte)

Hinweis zur Bewertung: Die Hälfte der Punktzahl wird erreicht, wenn die beiden Bereiche, die in den Versen anklingen, nämlich die Bedeutung der beiderseitigen Liebe und der Wunsch nach Dauerhaftigkeit der Beziehung, anhand von mindestens <u>drei</u> Kernbegriffen deutlich gemacht worden sind.

b) ✏ *Hinweis: Informieren Sie sich in den Hinweisen und Tipps über das elegische Distichon und die Anforderungen einer metrischen Analyse. Tragen Sie zunächst mit Bleistift, anschließend farbig die Längen und Kürzen sowie die Zäsuren ein.* (Anforderungsbereich I–II)

- Metrische Analyse: V. 5 ut lice at nobis ‖ tota perducere vita

    V. 6 aeternum hoc sanctae ‖ foedus amicitiae

(4 Punkte)

- Im Hexameter wird *nobis* betont, also die **Zusammengehörigkeit** Catulls und Lesbias. Im Pentameter liegt die Betonung auf *sanctae*, also darauf, dass die Beziehung zwischen den beiden ein fast schon **religiöses Band** darstellt. (2 Punkte)

Hinweis zur Bewertung: Die Hälfte der Punktzahl wird erreicht, wenn bei der metrischen Analyse in beiden Versen entweder die Zäsur oder die Längen und Kürzen richtig eingetragen worden sind und bei der Beschreibung die Betonung <u>eines</u> Aspektes erwähnt worden ist.

2. ✏ *Hinweis: Der lateinische Text ist in Bezug auf inhaltliche Aspekte und hinsichtlich formaler Elemente unter der genannten Fragestellung zu untersuchen.*
(Anforderungsbereich II)

Catull befürchtet, dass seine **Liebe einseitig** sein könnte und Lesbias Versprechungen nur leere Worte, leichtfertig dahergesagt und nicht ernst gemeint sind. Das erkennt man an der Anrede an die **Götter**: Der Satz beginnt mit dem Vokativ *di magni* (V. 3), dann folgt die Aufforderung *facite, ut ...* (V. 3). Die Götter sollen Lesbia dazu bringen, d. h. ihr sozusagen eingeben, **ehrlich** zu sein, wobei Catull damit meint, dass ihre Versprechungen hinsichtlich der Dauer ihrer Liebesbeziehung ehrlich gemeint sind. Deutlich wird dieser Aspekt durch die Verwendung **synonymer Wörter für Aufrichtigkeit** in Verbindung mit Ausdrücken des Sprechens: *vere, sincere, ex animo* stehen für Aufrichtigkeit, *promittere* und *dicat* für Sprechen. (6 Punkte)

Hinweis zur Bewertung: Die Hälfte der Punktzahl wird erreicht, wenn drei charakteristische Textstellen herausgefunden und sprachlich bzw. inhaltlich im Hinblick auf die Thematik erläutert worden sind.

3. a) *Hinweis: Schreiben Sie die Prädikate auf, die im selben Tempus stehen, und deuten Sie sie der Aufgabe entsprechend.* *(Anforderungsbereich II)*

   Die **Liebesbeziehung** zwischen Catull und Lesbia ist zur Zeit der Abfassung des Gedichts wohl **zu Ende**. Das lässt sich an den Tempora erkennen: In den Versen 2, 3 und 4 kommt das **konstatierende Perfekt** vor *(amata est, fuit, reperta est)*, wodurch der Dichter die Feststellung macht: „Es ist vorbei." (2 Punkte)

   b) *Hinweis: Suchen Sie Textstellen, die gefühlsmäßig übertriebene Äußerungen darstellen, und solche, die die Person des Dichters betreffen.*
   (Anforderungsbereich II)

   Catull stellt sich in den Mittelpunkt: Er betont durch die Vergleiche mit *tantum – quantum* (V. 1/2) bzw *tanta – quanta* (V. 3/4) und durch die Verneinungen *nulla ...* (V. 1 und 3), wie **einzigartig** die **Liebe zu Lesbia** von seiner Seite aus gewesen ist. Dass andererseits seine Liebe von Lesbia wohl nicht in gleichem Maße erwidert wurde, klingt in der auffälligen Verwendung von Pronomina der ersten Person Singular an: *a me Lesbia ... mea* (V. 3), *ex parte ... mea* (V. 4). Der Dichter zeigt sich **enttäuscht** und **verletzt**. (4 Punkte)

   c) *Hinweis: Versetzen Sie sich in die Stimmung eines Menschen, der von einer geliebten Person so enttäuscht worden ist wie Catull.*
   (Anforderungsbereich III)

   Man könnte das Gedicht z. B. so fortführen: Ich habe dich bedingungslos/ über alle Maßen geliebt, aber du hast meine Gefühle nicht ehrlich erwidert/ „mit Füßen" getreten. (2 Punkte)

Hinweis zur Bewertung: Die Hälfte der Punktzahl wird erreicht, wenn bei a das Tempus erkannt und richtig gedeutet worden ist, bei b die Stimmung durch drei charakteristische Textstellen unterstützt und bei c der Fortsetzungssatz zumindest auf einen der Beteiligten bezogen ist.

Klassenarbeiten Latein
Übungsaufgabe 9: Plinius I

Text

*Plinius schreibt an Iulius Naso, einen jüngeren Freund, folgenden Brief über seine drei Landgüter. Zu diesen gehören ein Landgut in Etrurien (Toskana), die **Tusci agri** (Z. 2), eins am Comer See in der **regio Transpadana** (Z. 2), das er von seinem Vater geerbt hat, und eins am Meer in der Nähe von Ostia, das **Laurentinum (-i, n.)** (Z. 3).*

C. Plinius Iulio Nasoni suo s.
Tusci grandine excussi, in regione Transpadana summa abundantia, sed par vilitas nuntiatur; solum mihi Laurentinum meum in reditu. Nihil quidem ibi possideo praeter tectum et hortum statimque harenas, solum tamen mihi in reditu. Ibi enim
5 plurimum scribo, nec agrum, quem non habeo, sed ipsum me studiis excolo; ac iam possum tibi ut aliis in locis horreum plenum, sic ibi scrinium ostendere.
Igitur tu quoque, si certa et fructuosa praedia concupiscis, aliquid in hoc litore para.
Vale. *(82 Wörter)*

Übersetzungshilfen
Z. 2   Tusci (agri): die tuskischen Ländereien
       grando, -inis *f.*: Hagel
       regio Transpadana: die transpadanische Region/das Gebiet jenseits des Po
Z. 4   in reditu (esse): Ertrag abwerfen
       excolere, -colo: bearbeiten / verfeinern
Z. 6   scrinium, -i *n.*: Schrank *(für Schreibrollen); ergänzen Sie:* plenum

Aufgabenstellung

Übersetzung

Übersetzen Sie den Text ins Deutsche.

Zusatzaufgaben

1. Stellen Sie unter Bezug auf formale Gliederungselemente den Aufbau des Briefes dar und fassen Sie die Aussagen der Abschnitte zusammen. (12 Punkte)

2. a) Beschreiben Sie, welche Bedeutung der Besitz von Landgütern für die römische Oberschicht der Republik und der Kaiserzeit hatte. (8 Punkte)

   b) Zeigen Sie, dass Plinius durch Verwendung sprachlich-stilistischer Mittel dem Landgut Laurentinum einen besonderen Stellenwert beimisst. (12 Punkte)

3. Schließen Sie von der Aussage in Z. 7 auf die gesellschaftliche Stellung des Adressaten und stellen Sie einen Bezug zur Briefabsicht her. (8 Punkte)

Lösungsvorschläge

Übersetzung

Hinweis: Sie finden im Text die typischen Kennzeichen für den Schreibstil des Plinius: häufige Ellipsen einer Form von esse, asyndetische Satzreihen, auch kürzere Satzgefüge, Vorkommen der 1. und 2. Person Singular, häufige Antithesen.

(Anforderungsbereich III)

C. Plinius grüßt seinen Freund Julius Naso

Die tuskischen Ländereien sind vom Hagel getroffen worden, in der transpadanischen Region wird höchster Überfluss gemeldet, aber (auch) ein entsprechend niedriger Preis; einzig mein Laurentinum wirft mir Ertrag ab.

Nichts besitze ich zwar dort außer einem Haus und einem Garten und sofort (daran anschließend) Sand(strand), aber dennoch wirft es mir als einziges Ertrag ab. Dort schreibe ich nämlich sehr viel und ich bearbeite nicht einen Acker, den ich nicht habe, sondern (verfeinere) mich selbst durch meine Studien; und bald kann ich dir wie an anderen Orten eine volle Scheune, so dort einen vollen Schrank zeigen.

Also erwirb auch du, wenn du zuverlässige und ertragreiche Landgüter wünschst, irgendetwas an diesem Strand.

Leb wohl!

Plin. epist. 4, 6

Hinweis zur Bewertung: Die Fehlergrenze für die Note ausreichend liegt bei 8 Fehlerpunkten (10 % der Wortzahl).

Zusatzaufgaben

1. *Hinweis: Den Aufbau eines Plinius-Briefes haben Sie im Unterricht kennengelernt und auch in der hier vorliegenden Autoreninformation in den Hinweisen und Tipps wird darauf verwiesen. Verwenden Sie die Fachbegriffe für die Gliederung. Vergessen Sie nicht, entsprechende formale Elemente aus dem Text anzuführen. Der inhaltliche Aspekt ist für jeden Abschnitt kurz zusammenzufassen.*

(Anforderungsbereich I – II)

Außer Eingangs- und Schlussformel lassen sich hier deutlich **drei Abschnitte** erkennen:
- Die **Einleitung** umfasst die Zeilen 2/3. Hier wird das **Thema** bzw. der **Briefanlass** genannt. Es geht um die **Wirtschaftlichkeit** der drei Landgüter des Plinius, die namentlich aufgeführt werden, wobei deutlich gemacht wird, dass die beiden zuerst genannten nur **Verlust** eingebracht haben. Bei dem ersten ist der Ertrag durch Hagelschäden zunichtegemacht worden, das zweite Landgut zeichnet sich dagegen durch Überproduktion aus, was allerdings auch kein Vorteil ist, da das Angebot den Preis drückt. Es bleibt das dritte Landgut, das nach Plinius als einziges **ertragreich** ist. (4 Punkte)
- Der **Hauptteil** umfasst die Zeilen 3 – 6. Zuerst erfolgt die nähere **Darstellung des Sachverhalts:** Das dritte Landgut, das Laurentinum, hat zwar außer einem Garten keine Nutzfläche – es liegt direkt am Strand –, bringt aber doch

Ertrag. Dieser Gegensatz wird durch die Konnektoren *quidem* (Z. 3) und *tamen* (Z. 4) verdeutlicht. Die Auflösung des Widerspruchs erfolgt in der anschließenden **Argumentation oder Diskussion**, eingeleitet mit *enim* (Z. 4) und fortgesetzt mit *ac* (Z. 5). Die Wirtschaftlichkeit des Laurentinum ist nicht an einem Ernteertrag messbar, sondern an dem geistigen Ertrag des Autors, dessen Studien sich in der Menge der verfassten Schriftrollen niederschlagen. (4 Punkte)

- Der **Briefschluss** (Z. 7), durch den Konnektor *igitur* als **Schlussfolgerung** verdeutlicht, enthält eine **Empfehlung** an den Adressaten, ausgedrückt durch *tu quoque* und den Imperativ *para* am Satzende. Julius Naso soll sich – nach dem Beispiel und im Sinne des Plinius – ein „ertragreiches" Landgut in der gleichen Gegend zulegen. (4 Punkte)

Hinweis zur Bewertung: Die Hälfte der Punktzahl wird erreicht, wenn der Aufbau des Briefes unter Verwendung der Fachbegriffe und mit Kennzeichnung der Zeilen deutlich gemacht und mindestens durch vier formale Elemente belegt worden ist. Zu jedem Abschnitt sollte ein inhaltlicher Aspekt in Grundzügen angeführt worden sein.

2. a) *Hinweis: Sachwissen zum Thema Landwirtschaft und Landgüter im antiken Italien haben Sie durch entsprechende Texte und Informationen im Lehrbuch sowie durch Begleitinformationen zur Lektüre erworben. Evtl. haben Sie auch schon den einen oder anderen Brief des Plinius über den Aufenthalt auf einem seiner Landgüter im Unterricht behandelt. Hier können Sie Ihr Wissen anbringen.* *(Anforderungsbereich I–II)*

- Die Angehörigen der **römischen Oberschicht**, die in der Hauptstadt einer öffentlichen Tätigkeit in der Politik nachgingen oder z. B. als Anwalt tätig waren, besaßen in der Regel außer ihrem Stadthaus ein **Landgut** – möglichst in der Nähe der Stadt. Auf eine solche *villa suburbana* (= Landgut vor der Stadt) in den Bergen oder am Meer konnte man sich kurzfristig zurückziehen und von der Großstadt erholen. (2 Punkte)
- Andererseits konnte man durch Wein- und/oder Getreideanbau und Olivenkulturen **wirtschaftlichen Gewinn** erzielen. Das Landgut wurde von Sklaven unter Leitung eines Verwalters bewirtschaftet. In der Zeit der Republik galt es für Angehörige des Senatorenstandes nicht nur als angesehen, Großgrundbesitzer zu sein, sondern **Grundbesitz** war auch finanziell notwendig, da politische Ämter Ehrenämter waren. Nur mit dieser materiellen Grundlage konnte man sich **politisch engagieren** oder auch für **schriftstellerische Tätigkeiten** zeitweise zurückziehen. (4 Punkte)
- In der Kaiserzeit wurde man zwar für die Tätigkeit in kaiserlichen Diensten bezahlt, legte aber trotzdem Wert auf den Besitz eines Landgutes, das einem auch für den Fall des Rückzugs ins Privatleben eine **materielle Sicherheit** gewährleistete. Insofern waren Ertragsverluste, wie Plinius sie hier schildert, auch wenn man wie in seinem Fall drei Güter besaß, nicht unwesentlich. (2 Punkte)

Hinweis zur Bewertung: Die Hälfte der Punktzahl wird erreicht, wenn die Bedeutung eines Landgutes in der Zeit der Republik und in der Kaiserzeit in wesentlichen Grundzügen dargelegt worden ist.

b) *✐ Hinweis: Es gilt, Textstellen auszusuchen, die sich auf das Laurentinum beziehen, und zu zeigen, dass diese durch besondere Wortwahl und rhetorische Stilmittel hervorgehoben werden.* *(Anforderungsbereich II)*

- Plinius stellt in der Reihe seiner Landgüter das **Laurentinum** im vorliegenden Text **besonders** heraus. Nur dieses oder einzig dieses – hier ist die Wahl des Prädikativums *solum* auffällig – bringt **Ertrag** (*solum Laurentinum in reditu,* Z. 3). Diese Aussage wird durch Wiederholung in Z. 4 mit der **Anapher** *solum* und der **Epipher** *in reditu* noch einmal aufgegriffen und betont. (3 Punkte)
- Dass ihm das Laurentinum besonders „am Herzen liegt", zeigt der Autor vor allem durch die **Verwendung von zwei Pronomina** der ersten Person Singular: Das Personalpronomen *mihi,* das außer in Z. 3 auch in Z. 4 wieder vorkommt, und das Possessivpronomen *meum* zu *Laurentinum* (Z. 3) verdeutlichen eine besondere **persönliche Wertschätzung**, während die beiden anderen Landgüter nur neutral mit Namen oder Bezeichnung der Region (Z. 2) oder sogar etwas abschätzig mit *aliis in locis* (Z. 6) abgehandelt werden. (4 Punkte)
- Im Vergleich zu den anderen Landgütern kann das Laurentinum materiell laut Plinius nicht mithalten, da es **keine Ländereien** aufweist, sondern nur Haus und Garten (*nihil ... praeter tectum et hortum,* Z. 3/4) und daran anschließend Sandstrand (*statimque harenas,* Z. 4). Sein Wert zeigt sich im **ideellen Bereich** der geistigen Bildung bzw. literarischen Tätigkeit. Plinius geht dort intensiv seiner **Schreibtätigkeit** nach (*ibi ... plurimum scribo,* Z. 4/5) und bildet sich durch Studien fort (*ipsum me studiis excolo,* Z. 5). Das Ergebnis ist sogar nach außen hin messbar, nämlich durch einen mit Schreibrollen gefüllten Schrank (*scrinium,* Z. 6). (5 Punkte)

Hinweis zur Bewertung: Die Hälfte der Punktzahl wird erreicht, wenn durch e̲i̲n̲ rhetorisches Stilmittel und f̲ü̲n̲f̲ Aspekte der Wortwahl nachgewiesen worden ist, dass das Laurentinum für Plinius eine besondere Rolle spielt.

3. ✏ *Hinweis: Von der Art her, wie Plinius sich hier an den Adressaten wendet, lässt sich dessen gesellschaftlicher Stand erschließen. Entsprechend kann man erläutern, welche Absicht der Schreiber mit diesem Brief verfolgt.*

(Anforderungsbereich II)

- Im Briefschluss gibt Plinius seinem Freund die **Empfehlung**, sich auch ein Landgut wie das Laurentinum anzuschaffen, und zwar in gleicher Lage, also an der Küste nahe Rom. Der Adressat muss den **gleichen gesellschaftlichen Stand** wie der Absender haben. Denn dieser setzt voraus, dass der Freund einerseits die **finanziellen Mittel** zur Anschaffung eines solchen Gutes hat und andererseits auf den **wirtschaftlichen Ertrag nicht angewiesen** ist. Mit der Annahme, dass der Freund den Wunsch nach einem „zuverlässigen und ertragreichen" Landgut habe, verbindet Plinius nicht die Vorstellung von materiellem, sondern von geistigem bzw. **literarischem Gewinn**. Der Adressat, der diesen Brief liest, wird diese Aussage auch so verstanden haben. Es ist davon auszugehen, dass der Freund genau wie Plinius **Interesse an Studien** bzw. Literatur hat. (4 Punkte)
- Welche Absicht verfolgt Plinius mit diesem Brief? Er weiß, dass der Adressat die gleichen Interessen und Möglichkeiten hat wie er selbst. Es wird nicht deutlich, ob Julius Naso ihn um die Empfehlung eines Grundstückserwerbs gebeten hat – vermutlich hat er das nicht gemacht. Insofern wirkt der **Brief überflüssig**, denn die Klage in der Rolle des Gutsbesitzers über die Verluste ist nicht so ernst zu nehmen, während die Darstellung der literarischen Tätigkeit den Schreiber in ein besonderes Licht rückt. Dadurch, dass Plinius seine **geistige Beschäftigung** als besonderen Gewinn herausstellt und auch dem Adressaten diese **Möglichkeit empfiehlt**, betont er die Gleichstellung und **Gleichgesinntheit beider**. So schmeichelt er seiner eigenen Eitelkeit, da er sich selbst als Beispiel hinstellt, gibt aber auch dem anderen das Gefühl der Gleichwertigkeit. (4 Punkte)

Hinweis zur Bewertung: Die Hälfte der Punktzahl wird erreicht, wenn unter Bezug auf die Aussagen in Z. 7 grundsätzlich deutlich gemacht worden ist, dass der Adressat den gleichen gesellschaftlichen Stand wie der Absender hat und Plinius mit diesem Brief einerseits sich selbst herausstellt, andererseits auch den Adressaten auf eine entsprechende Stufe hebt.

Klassenarbeiten Latein
Übungsaufgabe 10: Plinius II

Text

Plinius schreibt einen Brief an seinen Freund Caninius, der in Como (Oberitalien) wohnt. Dort besitzt auch Plinius ein Landgut.

C. Plinius Caninio suo s.
Studes an piscaris an venaris an simul omnia?
Possunt enim omnia simul fieri ad Larium nostrum. Nam lacus piscem, feras silvae, quibus lacus cingitur, studia altissimus iste secessus affatim suggerunt. Sed sive
5 omnia simul, sive aliquid facis, non possum dicere: „Invideo." Angor tamen (id) non etiam mihi licere, qui sic concupisco ut aegri vinum, balinea, fontes. Numquamne hos artissimos laqueos, si solvere negatur, abrumpam? Numquam, puto.

Denn den alten Tätigkeiten wachsen neue hinzu, aber dennoch werden die früheren nicht zu Ende gebracht: durch so viele Verpflichtungen und gleichsam durch so viele
10 *Ketten wird von Tag zu Tag die Kolonne der Beschäftigungen weiter ausgedehnt.*
Vale. *(72 Wörter)*

Übersetzungshilfen
V. 3   Larius, -i *m.*: (lacus): Comer See
       fera, -ae *f.*: Wild(tier)
V. 4   suggerere, -gero: liefern, ermöglichen
V. 4 f. *sive ... sive:* sei es, dass ... oder sei es, dass
V. 5   angi, angor *(passiv.)*: es bedrückt mich, es quält mich

Aufgabenstellung

Übersetzung

Übersetzen Sie den Text ins Deutsche.

Zusatzaufgaben

1. Stellen Sie dar, was ein Römer wie Plinius unter den Lebensformen *otium* und *negotium* versteht. (8 Punkte)

2. Erläutern Sie, wie sich Plinius das Leben seines Freundes am Comer See vorstellt. Beziehen Sie dabei den *otium*-Begriff mit ein und stützen Sie Ihre Aussagen durch lateinische Textbelege. (10 Punkte)

3. a) Erarbeiten Sie anhand entsprechender lateinischer Begriffe die Situation und die Gefühlslage, in der Plinius diesen Brief geschrieben hat. Bewerten Sie in diesem Zusammenhang seine Aussage *non possum dicere: „Invideo."* (Z. 5). (10 Punkte)

    b) Finden Sie in Z. 6/7 rhetorische Stilmittel, und arbeiten Sie heraus, welche Wirkung sie jeweils entfalten. (6 Punkte)

4. *„Durch so viele Verpflichtungen und gleichsam durch so viele Ketten wird von Tag zu Tag die Kolonne der Beschäftigungen weiter ausgedehnt."*

    Beurteilen Sie, welche Bedeutung der hier beschriebenen Situation in der heutigen Zeit zukommt. Nehmen Sie dabei Bezug auf ein aktuelles Beispiel. (6 Punkte)

Lösungsvorschläge

Übersetzung

✦ Hinweis: In dem vorliegenden Brief werden Sie mit Formen der 1. und 2. Person Singular und den entsprechenden Pronomina rechnen müssen. Ebenso wird das Tempus Präsens vertreten sein. Lesen Sie sich die Übersetzungshilfen im Hinblick darauf durch, ob schon ein bestimmter Sachbereich, den Sie mit Plinius verbinden, erkennbar ist. Besonderheiten im Schreibstil des Plinius gibt es auch hier: kurze Sätze, z. T. mit Ellipsen, Verwendung rhetorischer Fragen und anderer Stilmittel. Die Wortstellung ist nicht immer regelgerecht, d. h. das Prädikat eines Satzes kann am Anfang oder in der Mitte stehen und am Satzende befindet sich ein Objekt oder eine adverbiale Bestimmung, die besonders hervorgehoben werden sollen.

(Anforderungsbereich III)

C. Plinius grüßt seinen Freund Caninius
Studierst du oder fischst du oder jagst du oder machst du alles gleichzeitig? Es kann nämlich alles gleichzeitig gemacht werden an unserem Comer See. Denn der See liefert reichlich Fisch, die Wälder, von denen der See umgeben wird, (ermöglichen) Wildtiere und diese tiefste Abgeschiedenheit (ermöglicht) literarische Beschäftigung (*wörtlich:* Studien). Aber sei es, dass du alles zugleich machst, oder sei es, dass du irgendetwas machst, ich kann nicht sagen: „Ich beneide dich." Es bedrückt mich dennoch, dass dieses nicht auch mir erlaubt ist, der ich so wie Kranke Wein, Bäder und Quellwasser begehre. Werde ich niemals diese äußerst engen Schlingen, wenn es mir verweigert wird, sie zu lösen, zerreißen können? Niemals (werde ich das können), glaube ich. (…) Leb wohl! *Plin. epist. 2, 8*

Hinweis zur Bewertung: Die Fehlergrenze für die Note ausreichend liegt bei 7 Fehlerpunkten (10 % der Wortzahl).

Zusatzaufgaben

1. *✦ Hinweis: Durch die Lektüre von Pliniusbriefen sind Sie mit der Thematik* otium – negotium *vertraut. Geben Sie strukturiert wieder, was aus römischer Sicht unter den Bereichen zu verstehen ist, indem Sie von der Bedeutung ausgehen und zwischen räumlicher Umgebung und Aktivitäten differenzieren.*

(Anforderungsbereich I–II)

- Plinius (61–112 n. Chr.), der in Rom als **Anwalt** tätig war und auch die politische Laufbahn einschlug, gehörte zur **römischen Oberschicht**, die wohlhabend und gebildet war. Man engagierte sich in der **Öffentlichkeit**, war aber auch daran interessiert, eine **private Rückzugsmöglichkeit** zu haben. Entsprechend sind die Bereiche *negotium* und *otium* zuzuordnen. (2 Punkte)

- Unter *negotium* verstand man die **berufliche Tätigkeit**, z. B. als Anwalt oder in der Politik als kaiserlicher Beamter, dazu zählte man außerdem die gesellschaftlichen Verpflichtungen, denen man sich im Alltag stellen musste. *Negotium* spielte sich demnach in der Regel in der **Hauptstadt Rom** ab.
  (2 Punkte)
- Das *otium* dagegen war die **freie Zeit**, die Muße, in der man frei war von beruflichen und gesellschaftlichen Verpflichtungen und ein **ungestörtes Privatleben** führen konnte. Idealerweise genoss man das *otium* **außerhalb der Hauptstadt** – auf dem Land, am Meer oder in den Bergen – auf dem eigenen Landgut. Hier konnten sich Körper, Seele und Geist **erholen**. Man betätigte sich (in Maßen) sportlich, genoss die Umgebung und Gespräche mit Gleichgesinnten und ging als gebildeter Mensch auch wissenschaftlichen und literarischen Interessen nach, indem man sich mit entsprechender **Literatur** befasste oder selbst schriftstellerisch tätig war. (4 Punkte)

Hinweis zur Bewertung: Die Häfte der Punktzahl wird erreicht, wenn die beiden Lebensformen definiert und jeweils zwei charakteristische Aspekte dargestellt worden sind.

2. *Hinweis: Der Text ist unter dem Aspekt zu untersuchen, wie Caninius nach den Vorstellungen des Autors sein Leben am Comer See, demnach im* otium, *gestaltet. Die Aussagen sind durch lateinische Textstellen zu belegen.*

   (Anforderungsbereich II)

- Plinius stellt sich vor, wie sein Freund **Caninius** die Zeit am Comer See verbringt. Es ist wohl davon auszugehen, dass dieser dort **ständig wohnt**, also schon ein dauerhaftes *otium* genießen kann. **Plinius** dagegen, der in Rom seiner Arbeit nachgeht, wird sein Landhaus in Como **zeitweilig** zur Erholung nutzen. Daher weiß er, wie man dort sein *otium* gestalten kann. Dieses Wissen bringt er nun in allen Einzelheiten an. (2 Punkte)
- Zunächst listet er in einer Frage an den Adressaten (Z. 2) alle **Möglichkeiten der Betätigung** auf, wobei an erster Stelle – ganz im Sinne eines gebildeten Menschen – das **Studieren** steht *(studes, Z. 2)*, gefolgt von **körperlicher Aktivität** an der frischen Luft, nämlich Fischen und Jagen *(an piscaris an venaris, Z. 2)*. Die Möglichkeiten werden zuerst als Alternativen angeführt, dann meint Plinius, er könne dies auch alles gleichzeitig machen *(simul omnia, Z. 2)*. (2 Punkte)
- Das ist nicht wörtlich zu verstehen, sondern der Autor möchte damit hervorheben, dass die Umgebung, in der Caninius seinen ständigen Wohnsitz hat und die er selbst für ein zeitweiliges *otium* genießt *(ad Larium nostrum, Z. 3)*, all diese **Möglichkeiten** bereithält *(possunt enim omnia simul fieri, Z. 3)*.
  (2 Punkte)

- Diesen Aspekt macht er dem Adressaten im folgenden Satz (Z. 3/4) in allen Einzelheiten deutlich, indem er beschreibt, was die **Natur** dort alles bietet: Der See liefert den Fisch *(lacus piscem,* Z. 3), die Wälder rings um den See das Jagdwild *(feras silvae,* Z. 3) und die abgeschiedene ruhige Lage *(altissimus iste secessus,* Z. 4) ermöglicht die geistige Betätigung *(studia,* Z. 4). (2 Punkte)

Hinweis zur Bewertung: Die Hälfte der Punktzahl wird erreicht, wenn die Textaussagen hinsichtlich der Gestaltung des *otium* in Grundzügen (Umgebung, Betätigungen) erläutert und dazu Textbelege angeführt worden sind.

3. a) *Hinweis: Sie sollen Begriffe auswählen, aus denen Sie Hinweise zur Situation und Gefühlslage des Autors entnehmen können. Anhand dieser ist der entsprechende Sachverhalt darzulegen. Bei der Bewertung ist der Texthintergrund zu berücksichtigen.* *(Anforderungsbereich II – III)*

- Plinius hat den vorliegenden Brief zu einer Zeit geschrieben, als er noch einer Tätigkeit in der Hauptstadt nachging, also sich im **negotium** befand. Man kann diesen Sachverhalt aus der Textstelle *id non etiam mihi licere* (Z. 5/6) entnehmen, womit er meint, dass ihm der dauernde Aufenthalt am Comer See, also ein Leben im *otium*, noch nicht vergönnt ist. Daraus folgt, dass er nur **zeitweilig** ein solches Leben wie Caninius genießen kann. Dass er noch einige Zeit an das *negotium* **gebunden** sein wird, kann man aus *Numquam ... abrumpam* (Z. 6/7) erschließen: Es wird ihm nicht möglich sein, sich von seinen Tätigkeiten zu lösen *(si solvere negatur),* und er wird auch selbst nicht daran arbeiten, von seinen Verpflichtungen loszukommen *(numquam ... laqueos abrumpam).* (4 Punkte)
- Aus Plinius' Worten wird deutlich, dass er sich in seiner derzeitigen Situation **nicht wohlfühlt**, sondern sich nach einem dauerhaften *otium* sehnt. Das Verb *angor* (Z. 5) betont seine **seelische Qual** und der Ausdruck *sic concupisco ut aegri* (Z. 6) hebt seine große **Sehnsucht** nach dem *otium* hervor: Er vergleicht sich mit Kranken, die sich intensiv Dinge wünschen, die ihr Wohlbefinden stärken wie z. B. *vinum, balinea, fontes* (Z. 6).
(3 Punkte)
- Die Aussage des Autors *non possum dicere: „Invideo."* (Z. 5) ist vor dem Hintergrund der umfassenden Beschreibung der Möglichkeiten, die der Comer See für die Gestaltung des *otium* bietet, eigentlich **nicht glaubhaft**. Plinius wird bei seinen Ausführungen alle Dinge genau vor Augen gehabt haben und an der Art, wie er dem Adressaten seine Vorstellungen mitteilt, merkt man, dass er diesen letztlich doch um sein Leben **beneidet**. Durch das Adverb *tamen* zu *angor* (Z. 5) wird dieser Aspekt unterstützt.
(3 Punkte)

Hinweis zur Bewertung: Die Hälfte der Punktzahl wird erreicht, wenn die Situation und die Gefühlslage anhand je einer charakteristischen Textstelle festgemacht und dargestellt worden sind. Die Aussage des Autors in Z. 5 sollte anhand <u>eines</u> Textbezuges begründet bewertet worden sein.

b) *Hinweis: Es ist Ihre Aufgabe, rhetorische Stilmittel zu finden und zu benennen und ihre beabsichtigte Wirkung zu beschreiben. Sie können dabei auf die Ergebnisse der Aufgabe 3a zurückgreifen. (Anforderungsbereich I–II)*

- Der Satz in Z. 6/7 *(Numquamne ... abrumpam)* ist eine **rhetorische Frage:** Plinius fragt den Adressaten oder sich selbst, ob er sich jemals aus den Verpflichtungen des *negotium* lösen kann. Er ist davon überzeugt, dass das nie der Fall sein wird. Das wird in der Antwort, die er sich selbst gibt, durch die **Anapher** *numquam* (Z. 7) deutlich gemacht. (4 Punkte)
- Durch die **Metapher** *laqueos* (Z. 7) zeigt Plinius, wie **negativ** er seine **Verpflichtungen** empfindet: Aus Schlingen kann man sich in der Regel nicht selbst befreien, außer man zerreißt sie mit Gewalt. (*Zusatz:* Gesteigert wird diese Vorstellung noch durch das Attribut *artissimos* im Superlativ.) (2 Punkte)

Hinweis zur Bewertung: Die Hälfte der Punktzahl wird erreicht, wenn zwei rhetorische Mittel benannt worden sind und eins davon in seiner Wirkung beschrieben worden ist.

4. *Hinweis: Machen Sie zunächst deutlich, welche Situation Plinius hier meint, und stellen Sie dann einen Bezug zur Gegenwart her. Anhand eines aktuellen Beispiels Ihrer Wahl sollen Sie verdeutlichen, was mit „Ketten" bzw. „Kolonne" gemeint sein könnte. (Anforderungsbereich II–III)*

Plinius macht hier deutlich, wie sehr er in seinem Alltag durch Verpflichtungen in Anspruch genommen und gebunden ist. Was der Autor hier sagt, klingt sehr modern und ist daher auch **heutzutage sehr aktuell**. Das Leben wird für die Menschen immer hektischer, die täglichen **Anforderungen und Erwartungen**, die an sie gestellt werden (oder die sie selbst an sich stellen), nehmen zu. Das gilt nicht nur im **Beruf**, sondern evtl. auch im **Privatleben**. Stress und Burn-out sind die Folgen. Man kann sich vorstellen, dass ein zeitweiliger Rückzug in ein *otium*, wie Plinius es in diesem Brief beschreibt – in schöner Natur, ohne Störung von außen – für das **seelische Gleichgewicht** wertvoll sein kann.

Man kann das Beispiel einer Krankenschwester, die sich neben ihren beruflichen Pflichten auch noch um Kinder und Haushalt kümmern muss, heranziehen. Diese Verpflichtungen kann sie bei **dauerhafter Überbelastung** als „Ketten" empfinden, die sie „fesseln" und „lähmen". Dadurch wird sie nicht mehr all ihren Aufgaben gerecht und empfindet die Aufgaben, die sie nicht erledigen konnte, als „Kolonne", die sie hinter sich herzieht. (6 Punkte)

Hinweis zur Bewertung: Die Hälfte der Punktzahl wird erreicht, wenn die in dem Zitat erkennbare Situation grundlegend dargestellt und der Vergleich zu heute zumindest in <u>einem</u> Aspekt hergestellt worden ist.

Klassenarbeiten Latein
Übungsaufgabe 11: Plinius III

Text

Calpurnia, die dritte Ehefrau des Plinius, befindet sich zum Zeitpunkt, als Plinius folgenden Brief verfasst, gerade zu einem Kuraufenthalt in Kampanien (Süditalien).

C. Plinius Calpurniae suae s.
Incredibile est, quanto desiderio tui tenear.
In causa (est) amor primum, deinde, quod non consuevimus abesse. Inde est, quod magnam noctium partem in imagine tua vigil exigo; inde (est), quod interdiu, quibus
5 horis te visere solebam, ad diaetam tuam ipsi me, ut verissime dicitur, pedes ducunt; (inde est,) quod denique aeger et maestus ac similis excluso a vacuo limine recedo.
Unum tempus his tormentis caret, quo in foro et amicorum litibus conteror.
Aestima tu, quae vita mea sit, cui requies in labore, in miseria curisque solacium.
Vale. *(92 Wörter)*

Übersetzungshilfen
Z. 2   tui: *Genitivus obiectivus:* nach dir
Z. 3, 4, 6   inde est, quod: daher kommt es, dass
Z. 4   in imagine tua: mit deinem Bild vor Augen
Z. 4/5 interdiu, quibus horis: *stellen Sie um:* interdiu horis, quibus
Z. 5   diaeta, -ae *f.*: Zimmer
        ipsi: von selbst (*bezieht sich auf* pedes)
Z. 6   similis excluso: ähnlich einem ausgeschlossenen Liebhaber
Z. 7   unum: *prädikativ gebraucht; ergänzen Sie:* als
Z. 8   cui: für den (*schließt sich an* mea *an, bezieht sich aber sinngemäß auf die Person des Schreibers*)
        in miseria curisque: *Ergänzen Sie:* aliorum

Übersetzung

Übersetzen Sie den Text ins Deutsche.

Zusatzaufgaben

1. Stellen Sie anhand formaler und inhaltlicher Kriterien das Aufbauschema dieses Briefes dar. (12 Punkte)

2. Erläutern Sie unter Bezugnahme auf ausgewählte Textstellen die Gefühlssituation, in der Plinius den Brief geschrieben hat. (6 Punkte)

3. Erarbeiten Sie die Absicht, die Plinius mit seinem Brief verfolgt, und nehmen Sie Stellung dazu. (10 Punkte)

Lösungsvorschläge

Übersetzung

✏ *Hinweis: Der Text erfordert eine besonders gründliche Satzanalyse vor der Übersetzung, da vorwiegend Satzgefüge vorliegen und es zum Teil auch Nebensätze zweiter Ordnung gibt. Unter den Gliedsätzen kommen außer Relativsätzen auch indirekte Fragesätze (im Konjunktiv!) sowie Subjektsätze mit der Einleitung „quod – (die Tatsache,) dass" vor. Zu den letztgenannten finden Sie außer einem Hinweis in den Übersetzungshilfen auch Hilfen im Text durch Zusätze in Klammern, die die für Plinius typischen Ellipsen aufheben.* (Anforderungsbereich III)

C. Plinius grüßt seine (geliebte) Frau Calpurnia
Es ist unglaublich, von welch großer Sehnsucht nach dir ich erfüllt werde.
Schuld daran ist erstens die Liebe, zweitens weil wir es nicht gewohnt sind, voneinander getrennt zu sein. Daher kommt es, dass ich einen großen Teil der Nächte schlaflos mit deinem Bild vor Augen verbringe; daher kommt es, dass tagsüber meine Füße mich von selbst, wie man sehr wahr sagt, in den Stunden, in denen ich dich aufzusuchen pflegte, zu deinem Zimmer führen; daher kommt es, dass ich mich schließlich bekümmert und traurig und ähnlich einem ausgeschlossenen Liebhaber von der leeren Türschwelle zurückziehe. Als einzige ist die Zeit/als einzige Zeit ist die von diesen Qualen frei, in der ich mich auf dem Forum und mit Prozessen meiner Freunde abplage. Beurteile du, was/wie mein Leben ist, für den es (nur) Ruhe in der Arbeit gibt und im Elend und den Sorgen anderer Trost.
Leb wohl!

Plin. epist. 7, 5

Hinweis zur Bewertung: Die Fehlergrenze für die Note ausreichend liegt bei 7 Fehlerpunkten (10 % der Wortzahl).

Zusatzaufgaben

1. ✏ *Hinweis: Um den Aufbau des Briefes zu beschreiben, sollten Sie sich auf Situation und Anlass des Briefes beziehen. Stellen Sie zudem den Sachverhalt dar sowie die Auseinandersetzung damit. Die einzelnen Teile sind durch formale Kriterien zu belegen und/oder mit inhaltlichen Aspekten zu füllen.*

    (Anforderungsbereich I–II)

    - Die **Briefsituation** stellt sich folgendermaßen dar: Plinius schreibt an seine abwesende Ehefrau Calpurnia (Z. 1), die laut Texthinweis zur Kur in Kampanien weilt. Er selbst befindet sich zu Hause in Rom und geht dort seinen öffentlichen Verpflichtungen und seiner Tätigkeit als Anwalt nach, wie man aus Z. 7 erfährt. Der **Briefanlass** ist aus Z. 2 zu entnehmen: Plinius hat sehr große Sehnsucht nach seiner Frau. (3 Punkte)
    - Die **Darstellung des Sachverhalts** erfolgt in Z. 3: Es werden zwei Gründe für die Sehnsucht genannt, eingeleitet mit der Wendung *in causa* und unterteilt durch die Adverbien *primum* und *deinde*. Die Gründe sind die Liebe und das Nichtgewohntsein an eine Trennung. (3 Punkte)

- Die darauf folgende **Auseinandersetzung** enthält in den Zeilen 3–7 die Auswirkungen für die Person des Schreibers. Sehr ausführlich und jeweils eingeleitet mit *inde est, quod* werden **drei negative Folgen** dargestellt: Plinius kann nachts kaum schlafen (Z. 3/4), tagsüber geht er unwillkürlich zu den gewohnten Zeiten zum Zimmer seiner Frau (Z. 4/5), dann geht er betrübt wieder zurück (Z. 6). Diesen seelischen Qualen lässt sich nur die Tatsache entgegensetzen, dass er von ihnen abgelenkt ist, wenn er sich öffentlich bzw. beruflich engagiert (Z. 7). (4 Punkte)
- Als **Schlussfolgerung** ergibt sich die Aufforderung an Calpurnia, verdeutlicht durch den Imperativ *aestima tu* (Z. 8), sich in die Situation ihres Mannes hineinzuversetzen. (2 Punkte)

Hinweis zur Bewertung: Die Hälfte der Punktzahl wird erreicht, wenn die einzelnen Textteile anhand von Zeilenangaben festgemacht und jeweils durch einen inhaltlichen oder formalen Aspekt verdeutlicht worden sind.

2. *Hinweis: Hier sind lateinische Ausdrücke zusammenzustellen und auszuwerten, die deutlich machen, in welcher Stimmung der Schreiber ist. Stellen Sie dabei einen inneren Zusammenhang her, indem Sie einerseits dem Ablauf des Textes folgen und andererseits die Begriffe einander zuordnen.*
(Anforderungsbereich II)

Plinius wird beim Schreiben des Briefes nur von einem Gefühl bestimmt, dem der **Sehnsucht** nach seiner abwesenden Frau. Wie stark er die Sehnsucht empfindet, macht er deutlich durch die Wendung *incredibile est, quanto desiderio tui tenear* (Z. 2). Diese Grundstimmung hat für ihn **körperliche und seelische Auswirkungen**: Er kann nicht gut schlafen (*magnam noctium partem vigil exigo*, Z. 4), er verhält sich **paradox**, indem er ihr Zimmer aufsucht, obwohl er genau weiß, dass sie gar nicht da ist (*ad diaetam tuam ipsi me pedes ducunt*, Z. 5), dann fühlt er sich **krank** (das ist die Grundbedeutung von *aeger*, Z. 6 – seelische Beeinträchtigungen können sich auf den Körper auswirken!) und **traurig** (*maestus*, Z. 6), wenn er sich ihrer Abwesenheit bewusst wird. Plinius empfindet die Auswirkungen seiner Sehnsucht als **Qualen** (*tormentis*, Z. 7). Dieses Leiden hat solch ein Ausmaß, dass sogar seine öffentlichen und beruflichen Tätigkeiten, mit denen er sich eigentlich abplagt (*conteror*, Z. 7), für ihn angenehm sind, da sie ihn die Qualen vergessen lassen (*unum tempus his tormentis caret, quo ...*, Z. 7).
(6 Punkte)

Hinweis zur Bewertung: Die Hälfte der Punktzahl wird erreicht, wenn anhand entsprechender Textstellen die Grundstimmung des Autors verdeutlicht und eine körperliche oder seelische Auswirkung entsprechend dargelegt worden ist. Auch die Gegenüberstellung der Ablenkung durch seine Tätigkeit sollte erwähnt worden sein.

3. ✎ *Hinweis: Was Plinius mit seinem Brief bezweckt, ist indirekt in den Äußerungen in Z. 3 und in der in Z. 8 stehenden Aufforderung enthalten. Versetzen Sie sich in seine Situation, um seine Absicht herauszufinden und zu bewerten, aber auch in die Rolle seiner Frau, die diesen Brief erhält.*

(Anforderungsbereich II–III)

- Calpurnia soll, wie Plinius am Schluss sagt, beurteilen, wie es ihrem Mann, der sich allein in Rom befindet, geht. Mit der Wendung *quae vita mea sit* (Z. 8) meint er wohl in erster Linie sein **seelisches Befinden**, weniger die äußeren Umstände. Er will, dass sie merkt, wie sehr er sie vermisst, und deswegen hat er auch sehr ausführlich in den Zeilen 3–7 seine **Gefühlssituation** dargestellt. Gleichzeitig will er sich auch wohl ihrer **gegenseitigen Liebe versichern** (*amor*, Z. 3) und seiner Überzeugung Ausdruck geben, dass es ihr durch die Trennung genauso gehen muss wie ihm, da er als Ursache für die Sehnsucht außer der Liebe auch die Tatsache anführt, dass sie beide das **Getrenntsein nicht gewohnt** seien: *non consuevimus* – in der ersten Person Plural! – *abesse* (Z. 3). (5 Punkte)
- Einerseits kann man sich vorstellen, dass Plinius unter der Abwesenheit seiner Frau **leidet**, da Verliebte möglichst immer zusammen sein wollen. Andererseits klingt es **übertrieben**, wenn er sagt, dass er nur in seiner **Arbeit Ruhe** und **Trost findet** (*requies in labore, ... solacium*, Z. 8). Schließlich ist Calpurnia nicht aus der Welt, sondern nur zur Kur verreist, was ihrer Gesundheit dienen soll. Eigentlich setzt er sie unter **Druck**, da er andeutet, dass sie auch so empfinden muss wie er – kann sie dann noch ihren Aufenthalt unbeschwert genießen und sich erholen? Man vermisst auch die Frage nach ihrem Wohlbefinden, er spricht nur von sich, wodurch er sehr egoistisch erscheint. (5 Punkte)

Hinweis zur Bewertung: Die Hälfte der Punktzahl wird erreicht, wenn ein Aspekt hinsichtlich der Briefabsicht erarbeitet worden ist und dazu eine begründete Bewertung erfolgt ist.

Klassenarbeiten Latein
Übungsaufgabe 12: Ovid I

Orpheus, der mit seinem Gesang Menschen und Tiere bewegen konnte, erlitt ein schweres Schicksal: Seine geliebte junge Frau Eurydike wurde am Tag der Hochzeit von einer Giftschlange in die Ferse gebissen und starb daran. Orpheus war über den Verlust untröstlich und machte sich auf den Weg in die Unterwelt, um seine Frau von den Göttern der Unterwelt, Pluto und Proserpina, zurückzuerbitten. Durch seinen flehenden Gesang gelang es ihm, die Götter umzustimmen, und er bekam die Erlaubnis, Eurydike zur Oberwelt zurückzuführen – allerdings unter einer Bedingung (Text V. 1–3). Pluto und Proserpina riefen Eurydike herbei. Jene befand sich unter den zuletzt Verstorbenen und ging langsamen Schrittes aufgrund ihrer Wunde.

Text

Hanc simul et legem Rhodopeius accipit heros,
ne flectat retro sua lumina, donec Avernas
exierit valles; aut inrita dona futura.
Carpitur acclivis per muta silentia trames –
5 arduus, obscurus, caligine densus opaca.
Nec procul afuerunt telluris margine summae:
hic, ne deficeret, metuens avidusque videndi
flexit amans oculos et protinus illa relapsa est.
Bracchiaque intendens prendique et prendere certans
10 nil nisi cedentes infelix arripit auras.

(64 Wörter)

Und jetzt zum zweiten Mal sterbend beklagte sie sich nicht über ihren Gatten, denn worüber hätte sie auch klagen sollen, außer darüber, dass sie geliebt worden war? Und sie sprach ein letztes „Lebe wohl", was jener kaum noch vernehmen konnte, und wurde wieder in die Unterwelt zurückgezogen.

Übersetzungshilfen
V. 1   simul et: und gleichzeitig
       Rhodopeius heros: der thrakische Held *(gemeint: Orpheus)*
V. 2 f. Avernae valles: die Schlucht des Averner Sees (ein Kratersee bei Cumae, galt als Eingang zur Unterwelt)
V. 3   aut ... futura *(sc.)*: *Ergänzen Sie* esse; *indirekte Rede der Götter*
V. 6   tellus (-uris *f.*) summa: Erdoberfläche / Oberwelt
V. 7   hic: *gemeint:* Orpheus
       deficere: *hier:* ermattet zurückbleiben
V. 7 f. *Satzbau und Ergänzungen:* hic metuens, ne illa deficeret, et (= que) avidus illam videndi amans oculos flexit
V. 8   protinus = statim
V. 9   certare = studere
V. 10 nil nisi: nur

Aufgabenstellung

Übersetzung

Übersetzen Sie den Text ins Deutsche.

Zusatzaufgaben

1. Gliedern Sie den lateinischen Text in **vier** Sinnabschnitte und fassen Sie die Aussagen jeweils unter einer Überschrift zusammen. (4 Punkte)

2. a) Analysieren Sie die Verse 4 und 5 metrisch. (2 Punkte)

   V. 4: **Carpitur acclivis per muta silentia trames**

   V. 5: **arduus, obscurus, caligine densus opaca.**

   b) Arbeiten Sie heraus, welche Vorstellung durch Metrik und Verwendung sprachlich-stilistischer Mittel vom Weg aus der Unterwelt erzeugt wird.
   (12 Punkte)

3. Interpretieren Sie die Haltung der Götter vor dem Hintergrund der Metamorphosen. (8 Punkte)

4. Weisen Sie anhand von ausgewählten Textstellen nach, dass der Dichter Verständnis für Orpheus hat. Beziehen Sie auch den deutschen Text am Ende mit ein.
(6 Punkte)

Lösungsvorschläge

Übersetzung

✏ Hinweis: Der inhaltliche Zusammenhang wird durch die Einführung in den Text hergestellt. Dieser stellt eine Hilfe für Ihre Übersetzungsarbeit dar. Beachten Sie bei der Satzanalyse Satzgrenzen und Satzarten sowie infinite Verbformen. Denken Sie an dichterische Besonderheiten wie Hyperbata, poetischen Plural und metaphorische Wortwahl. Letztere spielt eine Rolle beim Nutzen des Wörterbuchs. Die Tempora wechseln hier zwischen historischem Präsens und Perfekt.

(Anforderungsbereich III)

Diese empfängt der thrakische Held und gleichzeitig die Bedingung, seine Augen nicht rückwärts zu wenden, bis er aus der Schlucht des Averner Sees herausgekommen sei; sonst werde das Geschenk ungültig sein.
Zurückgelegt wird der ansteigende Pfad durch die lautlose Stille *(poet. Pl.)* – steil, finster, dicht (verhüllt) von dunklen Nebelschwaden *(als Plural übersetzt)*.
Und nicht (mehr) weit entfernt waren sie vom Rand der Oberwelt: Da *(ergänzt)* wendete dieser, weil er fürchtete, dass jene ermattet zurückbleibe, und aus Verlangen sie zu sehen, voll Liebe die Augen und sofort glitt jene zurück.
Und als er seine Arme ausstreckt und sich bemüht/vesucht, (von ihr) festgehalten zu werden und sie festzuhalten, ergreift der Unglückliche nur (noch) weichende Luft *(poet. Pl.)*.

Ov. Met. 10, 50–59

Hinweis zur Bewertung: Die Fehlergrenze für die Note ausreichend liegt bei 6,5 Fehlerpunkten (10% der Wortzahl).

Zusatzaufgaben

1. *✏ Hinweis: Die Gliederung des Textes erfolgt am besten nach inhaltlichen Kriterien: Achten Sie auf Personen- und Ortswechsel. Anhand der zusammenfassenden Überschriften sollte der Geschehensablauf erkennbar sein, aber auch der innere Zusammenhang deutlich werden.* *(Anforderungsbereich I–II)*

   - I. Verse 1–3: **Rückgabe Eurydikes** an Orpheus unter der Bedingung, dass er sich auf dem Weg zur Oberwelt nicht umschaut.
   - II. Verse 4/5: Der mühsame **Weg zur Oberwelt**.
   - III. Verse 6–8: Kurz vor dem Ziel: Außerachtlassung der Bedingung durch Orpheus und **Zurückgleiten Eurydikes** in die Unterwelt.
   - IV. Verse 9/10: **Vergebliches Bemühen** des Orpheus, Eurydike festzuhalten.

   (4 Punkte)

   Hinweis zur Bewertung: Die Hälfte der Punktzahl wird erreicht, wenn die Einteilung richtig erfolgt ist und der äußere Geschehensablauf erkennbar ist.

2. a) ✏ *Hinweis: Mit der Metrik des Hexameters sind Sie durch die Lektüre von Ovids Metamorphosen vertraut. Eine metrische Analyse bedeutet, dass Sie einen Vers mit Zeichen für kurze und lange Silben und für Zäsuren versehen. So kann man erkennen, ob Daktylen oder Spondeen vorherrschen.*
(Anforderungsbereich I–II)

V. 4: Cár̄pĭtŭr ā́ccl̄ı̄vı̆s ‖ pēr mŭtă sı̆lēntı̆ă trā́mēs
V. 5: ā́rdŭŭs, ōbscū́rŭs, ‖ cā́lı̆gı̆nĕ dḗnsŭs ŏpā́ca. (2 Punkte)

b) ✏ *Hinweis: Hier soll die Auswertung und Deutung der metrischen Analyse in Kombination mit der Feststellung, Beschreibung und Deutung sprachlich-stilistischer Mittel erfolgen. Zu den letzteren gehören außer den rhetorischen Stilmitteln auch Aspekte wie besondere Wortwahl und Wortstellung sowie poetischer Plural. Versuchen Sie nachzuempfinden, wie in den Versen 4/5 der Inhalt durch die Form unterstützt wird.* (Anforderungsbereich II)

- In den Versen 4/5 wird der mühsame Weg zur Oberwelt beschrieben, den Orpheus und Eurydike nehmen müssen. Die **Wortstellung** fällt auf: Das Prädikat steht an der ersten Stelle, das Subjekt *trames* am Versende. Dieses wird durch das **Hyperbaton** – das Attribut *acclivis* ist durch die adverbiale Bestimmung *per muta silentia* von seinem Beziehungswort getrennt – zusätzlich herausgehoben. (3 Punkte)
- Es handelt sich nicht um einen bequemen Weg, sondern um einen ansteigenden Pfad (*acclivis trames*, V. 4), was durch den Zusatz eines weiteren **synonymen** Attributs (*arduus*, V. 5) unterstrichen wird. Zwei folgende Attribute, die ebenfalls **synonym** sind, kennzeichnen die räumliche Atmosphäre, die die Aufsteigenden umgibt: Der Weg liegt im Finstern (*obscurus*, V. 5), er ist dicht verhüllt (*densus*) von dunklem Nebel (*caligine opaca*, V. 5). Durch das **Hyperbaton** von *caligine* zu *opaca* wird die Dunkelheit zusätzlich betont. (3 Punkte)
- Mit dichtem Nebel verbindet man außer der unzureichenden Sicht auch das „Verschlucken" des Schalls: Es herrscht eine „lautlose Stille". Diese Wortverbindung ist auch im Deutschen ein **Pleonasmus**, d. h. eine Fülle des Ausdrucks, die durch den Zusatz eines überflüssigen Wortes entsteht, wobei das vorhandene Wort den betreffenden Inhalt schon ausdrückt. Ovid charakterisiert die absolute Stille in V. 4 durch den Ausdruck *muta silentia*, wobei zu dem Pleonasmus die Verwendung im **poetischen Plural** hinzukommt, was die ringsum herrschende Stille noch verstärkt.
(3 Punkte)
- Die düstere Stimmung, die auf dem Weg zur Oberwelt herrscht, zeigt sich außer in der oben beschriebenen Wortwahl und Wortstellung auch in dem Vorherrschen dunkler Vokale (a, o, u) in V. 5, was man als **Lautmalerei**

bezeichnen kann, und in der Metrik. In beiden Versen stehen als 2. und 3. Metrum **Spondeen** nebeneinander, die die Langsamkeit und Mühsal des Aufstiegs betonen. (3 Punkte)

Hinweis zur Bewertung: Die Hälfte der Punktzahl wird bei Aufgabe a erreicht, wenn die Analyse für einen Vers richtig oder bei zwei Versen teilweise richtig erfolgt ist, und bei Aufgabe b, wenn fünf sprachliche Besonderheiten erkannt und beschrieben sowie in ihrer Funktion gedeutet worden sind.

3. *Hinweis: Zunächst sollten Sie klären, wo im Text die Haltung der Götter deutlich wird, und diese näher beschreiben. Zeigen Sie in diesem Zusammenhang auch die allgemeine Bedeutung der göttlichen Instanzen für den Menschen in der Antike. Analysieren Sie Ihre Ergebnisse, indem Sie sich auf die Bedeutung der Götter in den Metamorphosen allgemein beziehen. (Anforderungsbereich II–III)*

- Die **Götter** spielen für den antiken Menschen eine **bedeutende Rolle**. Sie bestimmen das **Schicksal** der Menschen und ihre Entscheidungen sind unwiderruflich. So kann z. B. ein Verstorbener die Unterwelt nicht wieder verlassen. An die **Gebote** der Götter hat man sich zu halten und ihre Auflagen zu erfüllen. Andererseits weist man den Göttern auch **menschliche Züge** zu: Wie die Menschen können sie von Gefühlen bestimmt werden – von Liebe, Eifersucht, Hass. So werden die Götter der Unterwelt hier von Mitleid mit dem unglücklichen Orpheus ergriffen und lassen sich von seinem Gesang beeindrucken. (2 Punkte)
- In den Versen 1–3 sagt der Dichter, dass die Götter die **Bitte des Orpheus** erfüllen – sie geben ihm Eurydike zurück. Sie betonen aber, dass es sich um ein **Geschenk** handelt, und knüpfen dieses Geschenk an eine **Bedingung**, wobei durch die Bezeichnung *legem* (V. 1) die Unabänderlichkeit der Bedingung und die Verpflichtung zur Einhaltung herausgestellt werden. Die Bedingung wird in V. 2/3 eindeutig formuliert, ebenso wird betont, dass das **Nicht-Einhalten** unweigerlich zur **Aufhebung** des Geschenkes führen wird (V. 3). Insofern ist die Haltung der Götter **völlig korrekt**, wenn sie, wie in V. 8 beschrieben, Eurydike in die Unterwelt zurückfallen lassen. Orpheus hat sich nicht an das göttliche Gebot gehalten (V. 8), somit müssen die Götter ihre Ankündigung wahr machen. (3 Punkte)
- Andererseits kann man die Haltung der Götter **kritisieren**. Sie haben sich strikt an den Wortlaut der Bedingung gehalten und keine menschliche Schwäche zugelassen. Orpheus hat es schließlich fast geschafft, die Bedingung bis zum Schluss des Weges einzuhalten (V. 6). Daher hätten sie **Verständnis** für seine Gefühle zeigen können, ohne dass dieses ihre Allmacht beeinträchtigt hätte. (3 Punkte)

Hinweis zur Bewertung: Die Hälfte der Punktzahl wird erreicht, wenn die Bedeutung der antiken Götter im Allgemeinen und ihre Rolle im vorliegenden Text in Grundzügen deutlich geworden ist. Die Bewertung sollte je mit einem Pro- und einem Kontra-Argument unterstrichen werden.

4. ✏ *Hinweis: Sammeln und deuten Sie die Textstellen, die Orpheus' Gefühle kennzeichnen, im Sinne der Aufgabenstellung.* *(Anforderungsbereich II–III)*

- Ovid hat ganz offensichtlich Verständnis für Orpheus' Verhalten. Er betont verschiedene **Gefühle** des Mannes, die ihn dazu bringen, die ihm gestellte Bedingung trotz des Wissens um die Konsequenz nicht einzuhalten. (1 Punkt)
- In V. 7 verdeutlicht Ovid durch den Ausdruck *ne deficeret, metuens*, dass Orpheus um seine Frau, die wegen ihrer Fußverletzung ja nicht gut laufen kann, **besorgt** ist. Das allein rechtfertigt schon das **Sich-Umschauen**. Es kommt noch hinzu, dass ihn die **Sehnsucht** nach ihrem Anblick antreibt *(avidus videndi)*. (2 Punkte)
- Beide Gefühle sind in der **Liebe** begründet: *flexit amans oculos* (V. 8). Dass die Liebe von Ovid als **Entschuldigungsgrund** für Orpheus' Verhalten akzeptiert wird, zeigt sich auch in den Schlussversen, und zwar in der rhetorischen Frage des zweiten Verses: *Worüber hätte sie auch klagen sollen, außer darüber, dass sie geliebt worden war?* Der Dichter wird von **Mitleid** mit Orpheus bewegt, was sich deutlich in der Bezeichnung *infelix* (V. 10) für diesen zeigt. (3 Punkte)

Hinweis zur Bewertung: Die Hälfte der Punktzahl wird erreicht, wenn der Aspekt, dass der Dichter die Gefühle des Orpheus im positiven Sinne herausstellt, deutlich gemacht und anhand von Textstellen belegt worden ist.

Klassenarbeiten Latein
Übungsaufgabe 13: Ovid II

Echo, eine junge Waldnymphe, verliebt sich in den schönen Narcissus, der von vielen Mädchen umworben wird, aber alle aus Stolz zurückweist. Von Juno war Echo damit bestraft worden, dass sie nur noch Gesagtes wiederholen konnte. So muss sie auf eine Gelegenheit warten, ihre Liebe zu offenbaren, und folgt Narcissus heimlich. Dieser hat sich während einer Jagd von seinen Gefährten getrennt und merkt, dass jemand in der Nähe ist. Die Worte, die er an das unsichtbare Gegenüber richtet, werden jeweils als Echo wiederholt und gespannt, wer das fremde Wesen ist, bittet er dieses, sich zu zeigen. Voller Hoffnung kommt Echo herbei und will ihn umarmen. Er aber entzieht sich ihr und weist sie spröde zurück.

Text

Spreta latet silvis pudibundaque frondibus ora
protegit et solis ex illo vivit in antris.
Sed tamen haeret amor crescitque dolore repulsae;
extenuant vigiles corpus miserabile curae
5 adducitque cutem macies et in aëra sucus
corporis omnis abit. Vox tantum atque ossa supersunt;
vox manet, ossa ferunt lapidis traxisse figuram.
Inde latet silvis nulloque in monte videtur,
omnibus auditur: sonus est, qui vivit in illa.

(63 Wörter)

Übersetzungshilfen
Hinweis: Das vom Dichter verwendete Tempus soll in der Übersetzung beibehalten werden.

V. 1/2 *Subjekt:* sie *(gemeint:* Echo)
V. 1 spernere, sperno, sprevi, spretum: zurückweisen, verschmähen
 latere, lateo *(Ergänzen Sie:* in): sich versteckt halten in *(ebenso:* V. 8)
 pudibundus, -a, -um: voller Scham
 ora *(Pl. n.): hier:* Gesicht
V. 2 ex illo: *Ergänzen Sie:* tempore
V. 4 vigil, vigilis: *hier:* fortdauernd
V. 5 adducere cutem: die Haut zusammenziehen, die Haut schrumpfen lassen
 macies, -ei *f.:* Abmagerung
V. 5/6 sucus, -i *m.: hier:* Kraft
V. 7 ferunt *(mit AcI):* man sagt, dass
 figuram trahere: die Gestalt annehmen
V. 8 inde: seitdem, seit dieser Zeit
V. 9 omnibus *Ergänzen Sie:* in montibus

Aufgabenstellung

Übersetzung

Übersetzen Sie den Text ins Deutsche.

Zusatzaufgaben

1. Gliedern Sie den Text in Sinnabschnitte und fassen Sie die Gedanken zusammen. (6 Punkte)

2. Stellen Sie unter Anführung charakteristischer Textbelege die hier vorliegende Metamorphose dar. (10 Punkte)

3. a) Analysieren Sie metrisch die Verse 1 und 2. (2 Punkte)

    V. 1: **Spreta latet silvis pudibundaque frondibus ora**

    V. 2: **protegit et solis ex illo vivit in antris.**

    b) Weisen Sie nach, dass durch Metrik und Verwendung sprachlich-stilistischer Mittel die Gefühlslage der Echo hervorgehoben wird. (6 Punkte)

4. Zeigt sich der Dichter Ovid hier auch als Psychologe? Nehmen Sie begründet Stellung zu dieser Frage. Berücksichtigen Sie dabei auch die Texteinführung. (8 Punkte)

Lösungsvorschläge

Übersetzung

🖋 *Hinweis: Der letzte Satz der Texthinführung stellt eine Verbindung zu V. 1 her (... „und weist sie spröde zurück" → „spreta – zurückgewiesen"). Machen Sie sich auf dieser Grundlage in Verbindung mit den emotional bezogenen Aussagen der Texthinführung die Tendenz des Textes klar. So haben Sie eine gute Entscheidungshilfe bei der Auswahl der passenden Vokabelbedeutungen im Wörterbuch. Denken Sie daran, dass der Plural bei Substantiven auch ein poetischer Plural sein kann. Kennzeichnen Sie vor der Übersetzung die Satzgrenzen und die Teilsätze sowie die Hyperbata.*

(Anforderungsbereich III)

Zurückgewiesen hält sie sich in Wäldern versteckt und voller Scham bedeckt sie ihr Gesicht mit Laub *(poetischer Plural)* und lebt seit jener Zeit in einsamen Höhlen.
Aber dennoch bleibt die Liebe haften und wächst (auch noch) durch den Schmerz über die Zurückweisung;
der fortdauernde Liebeskummer *(poetischer Plural)* macht ihren beklagenswerten Körper dünn und die Abmagerung lässt die Haut schrumpfen und die ganze Körperkraft vergeht in der Luft *(poetischer Plural)*. Nur die Stimme und die Knochen bleiben übrig; die Stimme bleibt, man sagt, dass die Knochen die Gestalt eines Steins angenommen hätten. Seitdem hält sie sich in Wäldern versteckt und ist auf keinem Berg (mehr) zu sehen (*wörtlich:* wird auf keinem Berg (mehr) gesehen), aber *(Antithese)* auf allen (Bergen) ist sie zu hören: Der Klang ist es, der in jener/ihr lebt.

Ov. Met. 3, 393–401

Hinweis zur Bewertung: Die Fehlergrenze für die Note ausreichend liegt bei 6 Fehlerpunkten (10 % der Wortzahl).

Zusatzaufgaben

1. 🖋 *Hinweis: Gehen Sie Ihre Übersetzung durch und überlegen Sie, wie der Text sinnvoll zu gliedern ist: Welches ist der Kerngedanke oder sind es mehrere? Fassen Sie die Gedanken so zusammen, dass man, ohne die Übersetzung zu lesen, eine Vorstellung von dem Textinhalt erhält.* *(Anforderungsbereich I–II)*

   - V. 1/2: Echo **schämt sich** wegen der Zurückweisung durch Narcissus und zieht sich in die Einsamkeit der Natur zurück. (2 Punkte)
   - V. 3–7: Aber ihre **Liebe bleibt** bestehen, der **Liebeskummer** zehrt ihren Körper aus. Sie schwindet dahin und nur ihre Knochen bleiben – sie sind zu Stein geworden – und ihre Stimme bleibt. (3 Punkte)
   - V. 8/9: Ihre **Stimme** kann man als **Echo** auf den Bergen hören. (1 Punkt)

Hinweis zur Bewertung: Die Hälfte der Punktzahl wird erreicht, wenn zu jedem Abschnitt zumindest ein Teilaspekt genannt worden ist.

2. ✏ *Hinweis: Bei der Darstellung sind Ursache, Verlauf und Ergebnis zu unterscheiden. Die entsprechenden Textstellen sind als Belege anzuführen.*
   (Anforderungsbereich I–II)

   - In den Versen 3–9 wird die Metamorphose der **Nymphe Echo** geschildert. Die Ursache ihrer Verwandlung ist in V. 3 zu finden: Ihre Liebe zu Narcissus hat nicht mit dessen Zurückweisung geendet, sondern ist geblieben (*tamen haeret amor,* V. 3) und wird sogar aufgrund des damit verbundenen Kummers noch größer (*crescit dolore repulsae,* V. 3). (3 Punkte)
   - In den Versen 4–6 wird der **Verlauf der Metamorphose** beschrieben: Echo leidet unter unaufhörlichem **Liebeskummer** (*vigiles curae,* V. 4), infolgedessen sie **keine Nahrung** mehr zu sich nimmt, was dazu führt, dass sie immer mehr an Gewicht abnimmt (*extenuant corpus miserabile,* V. 4). Durch die **Abmagerung** schrumpft ihre Haut (*adducit cutem macies,* V. 5) und die Vitalität schwindet (*in aëra sucus coporis omnis abit,* V. 5/6). Ihr **Körper vergeht** also. (4 Punkte)
   - Das **Ergebnis** wird in den Versen 6–9 genannt: Stimme und Knochen der Nymphe bleiben erhalten (*vox atque ossa supersunt,* V. 6). Die **Knochen** sind zu **Stein** geworden (*ossa lapidis traxisse figuram,* V. 7). Dass ihre **Stimme** erhalten bleibt, wird außer mit dem Satz *vox manet* (V. 7) mit den Aussagen *omnibus auditur* (V. 9) und *sonus est, qui vivit in illa* (V. 9) aufgegriffen. Die Nymphe Echo lebt **im Echo** weiter. (3 Punkte)

Hinweis zur Bewertung: Die Hälfte der Punktzahl wird erreicht, wenn die drei Stufen der Metamorphose in Grundzügen dargestellt worden sind und jeweils ein charakteristischer Textbeleg angeführt worden ist.

3. a) ✏ *Hinweis: Informieren Sie sich in der ersten Klausur zu Ovid in diesem Band über die Anforderungen, die mit der Aufgabe einer metrischen Analyse gestellt werden.* *(Anforderungsbereich I–II)*

   Metrische Analyse:
   V. 1: _ ᴗ ᴗ|_ _|_   ᴗ ᴗ|_ ᴗ ᴗ |_ ᴗ ᴗ|_×
   Spreta latet silvis ‖ pudibundaque frondibus ora
   _ ᴗ ᴗ|_ _|_   _|_ _|_ ᴗ ᴗ|_ ×
   V. 2: protegit et solis ‖ ex illo vivit in antris. (2 Punkte)

   b) ✏ *Hinweis: Auch hier gilt das, was in der ersten Ovid-Klausur hinsichtlich der Auswertung der metrischen Analyse und des Zusammenhangs mit der Verwendung sprachlich-stilistischer Mittel gesagt worden ist.*
   (Anforderungsbereich II)

   - In den Versen 1/2 wird die **Reaktion der Nymphe Echo** auf die Zurückweisung durch Narcissus beschrieben. Durch die **metrische Anordnung** vor der Zäsur werden die Wörter *silvis, solis, antris* hervorgehoben. Die Stellung von *silvis* und *solis* vor der Zäsur bewirkt zusätzlich einen auffälligen **Binnenreim**. Die völlige **Zurückgezogenheit** Echos wird somit **betont**. (2 Punkte)

- Die **Wortwahl** der Prädikate *latet* und *protegit* zeigt das Bemühen Echos, sich in ihrer **Scham** vor der Welt zu verstecken – sie will niemanden mehr sehen und auch von keinem gesehen werden. Dieser letzte Aspekt wird durch den **poetischen Plural** *frondibus* unterstützt, der die Fülle des Laubs bezeichnet, mit dem sie ihr Gesicht bedeckt. (2 Punkte)
- Das Attribut *solis*, das zwar durch das **Hyperbaton** zu *antris* dieses Substantiv betont, erfährt selbst eine besondere Hervorhebung durch Vertauschung der Wortbeziehung (**Enallage**): Nicht die Höhlen sind einsam, sondern Echo, die in ihnen lebt. (2 Punkte)

Hinweis zur Bewertung: Die Hälfte der Punktzahl wird bei Aufgabe a erreicht, wenn die Analyse für einen Vers richtig oder bei zwei Versen teilweise richtig erfolgt ist, und bei Aufgabe b, wenn die Metrik hinsichtlich <u>eines</u> Aspektes ausgewertet und zumindest zwei sprachlich-stilistische Besonderheiten erkannt und beschrieben sowie in ihrer Funktion gedeutet worden sind.

4. *Hinweis: Hier sollen Sie zu einer Frage persönlich Stellung nehmen, die in den Bereich der Psychologie gehört. Versetzen Sie sich dazu in die Gefühlswelt des jungen Mädchens Echo.* *(Anforderungsbereich III)*

Ovid beschreibt hier eine **Situation**, die nicht nur auf die Antike bezogen, sondern **allgemein menschlich** ist. Es geht um eine Grundfrage der menschlichen Existenz, um eine **Krise**, von der jeder Mensch betroffen werden kann. Ovid macht deutlich, dass sich eine bestimmte Gefühlslage zu einer Lebenskrise entwickeln kann. Insofern zeigt er sich hier als **Psychologe**. (2 Punkte)
Das Mädchen Echo hat sich in einen jungen Mann verliebt, kann ihm aber wegen einer leichten physischen Behinderung ihre Liebe nicht direkt offenbaren. Der junge Mann dagegen hat nur **oberflächliches Interesse** an ihr: Wer ist dieses Wesen? Als sie sich ihm zeigt und ihn umarmen möchte, weist er sie zurück. Dadurch ist ihre Hoffnung, die durch seine erste Reaktion geweckt worden war, enttäuscht worden. Sie bezieht die **Abwehr** auf ihre Person, vielleicht auf ihr Verhalten oder ihr Aussehen (das macht Ovid nicht deutlich), und sie zerbricht an dieser **Enttäuschung**. Sie zieht sich zurück und ihr **Lebensmut** ist erloschen. Sie nimmt keine Nahrung mehr zu sich und stirbt an ihrem **Liebeskummer**. (4 Punkte)
Es gibt viele Gründe für einen Menschen, den Lebensmut zu verlieren, einer davon ist sicher enttäuschte Liebe. Die **Zurückweisung** durch einen geliebten Menschen zu erfahren, kann zu einer **psychischen Krise** führen, aus der man evtl. nur mithilfe von außen wieder herausgeraten kann. (2 Punkte)

Hinweis zur Bewertung: Die Hälfte der Punktzahl wird erreicht, wenn deutlich gemacht worden ist, dass Ovid hier eine Grundfrage menschlicher Existenz anspricht, und vor diesem Hintergrund die Situation der Nymphe Echo in Ansätzen gedeutet worden ist.

Klassenarbeiten Latein
Übungsaufgabe 14: Ovid III

Einst führten das alte Ehepaar Philemon und Baucis in einer einfachen Hütte in Phrygien (Kleinasien) ein bescheidenes, aber zufriedenes Leben.
Jupiter und Merkur, die in Menschengestalt über die Erde wandern, kommen eines Tages auch nach Phrygien, um eine Stätte zum Ausruhen zu suchen. Dabei gehen sie zu tausend Häusern, tausend Häuser bleiben ihnen verschlossen, nur Philemon und Baucis nehmen sie auf. Die beiden Alten bewirten sie nach ihren bescheidenen Möglichkeiten. Zum Erstaunen der Gastgeber wird der Weinkrug nicht leer – die Götter haben ein Wunder bewirkt, geben sich aber noch nicht zu erkennen. Philemon und Baucis beschließen nun, den Gästen ihren kostbarsten Besitz anzubieten: Sie wollen ihre einzige Gans schlachten, die ihnen als Wächter des Hauses dient.

Text

Unicus anser erat, minimae custodia villae;
quem dis hospitibus domini mactare parabant.
Ille celer penna tardos aetate fatigat
eluditque diu tandemque est visus ad ipsos
5 confugisse deos. Superi vetuere necari
„di" que „sumus meritasque luet vicinia poenas
impia" dixerunt. *„Vobis immunibus huius*
esse mali dabitur. Modo vestra relinquite tecta
ac nostros comitate gradus et in ardua montis
10 ite simul!" Parent ambo baculisque levati
nituntur longo vestigia ponere clivo.

(62 Wörter, ohne die kursiv gedruckte Textstelle)

Übersetzungshilfen
V. 2   dis hospitibus: für die göttlichen Gäste
         domini: *Ergänzen Sie:* villae
         mactare: schlachten
V. 3   tardi aetate: die durch ihr Alter Langsamen
V. 4   eludere: zu entkommen versuchen
V. 5–7   *Satzbau:* Superi vetuere necari et (= que) dixerunt: „Di sumus et (= que) meritas luet vicinia poenas impia.
V. 5   necari: *Ergänzen Sie:* eum (= anserem)
V. 6   poenas luere: Strafe erleiden
V. 7/8   Vobis ... dabitur: Euch wird es gewährt werden, von diesem Übel verschont zu sein.
V. 9   arduum, -i *n.*: steile Anhöhe
V. 10   simul: *Ergänzen Sie:* nobiscum
         baculis levati: auf Stöcke gestützt (levati *bezieht sich auf* ambo)
V. 11   vestigia ponere: Schritt für Schritt vorankommen
         clivo: auf dem Anstieg zum Gipfel

Abschluss der Erzählung

Nachdem sie in Begleitung der Götter auf der Anhöhe angekommen sind, sehen Philemon und Baucis, dass alle Häuser überflutet wurden – nur ihre Hütte ist stehen geblieben. Bei diesem Anblick empfinden sie Mitleid mit den anderen Menschen. Ihr kleines Haus verwandelt sich vor ihren Augen in einen prächtigen Tempel. Danach haben die beiden „rechtschaffenen" Alten bei den Göttern einen Wunsch frei. Sie beraten sich miteinander und äußern folgende Bitte: Sie möchten den Göttern im Tempel als Priester dienen, später gleichzeitig sterben und auch noch nach ihrem Tod vereint sein. Ihr Wunsch wird erfüllt: Nach vielen Jahren im Tempeldienst werden sie in ihrer gemeinsamen Todesstunde in zwei eng nebeneinanderstehende Bäume verwandelt, eine Eiche und eine Linde, die sich mit den Zweigen berühren.

Aufgabenstellung

Übersetzung

Übersetzen Sie den Text ins Deutsche.

Zusatzaufgaben

1. Erläutern Sie, wie Ovid in den Versen 1–5 (bis *necari*) durch Wortwahl und Tempusgebrauch das Bemühen von Philemon und Baucis um ihre Gäste kennzeichnet. (8 Punkte)

2. Stellen Sie die Prädikate der wörtlichen Rede nach Tempus bzw. Modus zusammen. Bestimmen Sie ihre Funktion und arbeiten Sie den jeweiligen Kerngedanken heraus. (9 Punkte)

3. a) Analysieren Sie die Verse 10 und 11 metrisch. (2 Punkte)

   V. 10: **ite simul!" Parent ambo baculisque levati**

   V. 11: **nituntur longo vestigia ponere clivo.**

   b) Zeigen Sie, welche Vorstellung davon, was die Befolgung des göttlichen Gebots für Philemon und Baucis bedeutet, der Leser bzw. Hörer dieser Verse durch Metrik und die Verwendung sprachlich-stilistischer Mittel erhält.
   (8 Punkte)

4. Bewerten Sie vor dem Hintergrund des Wertbegriffes *pietas* die Rolle der Götter und die gegensätzliche Haltung der Menschen in der vorliegenden Geschichte. Beziehen Sie die Texteinführung (und wenn Sie möchten, auch den Abschluss der Erzählung) mit ein. (6 Punkte)

Lösungsvorschläge

Übersetzung

Hinweis: Zur Übersetzungsvorbereitung ist bei dem vorliegenden Text außer der Feststellung der Satzgrenzen die Kennzeichnung der Teilsätze besonders wichtig Außer Hyperbata und poetischem Plural finden Sie hier weitere dichterische Besonderheiten wie die verkürzte Perfektform auf -ēre statt -ērunt und die Kurzform di für dei sowie superi metonymisch für dei und tectum metonymisch für domus. Beachten Sie auch die Tempora: Es kommt u. a. das historische Präsens vor.

(Anforderungsbereich III)

Eine einzige Gans gab es, die Wache des winzigen Hauses;
(und) diese *(relativischer Anschluss)* für die göttlichen Gäste zu schlachten schickten sich die Hausherren an. Jene Gans, flink durch ihre Flügel, macht(e) die durch ihr Alter Langsamen müde und versucht(e) *(historisches Präsens)* lange zu entkommen und endlich schien es, dass sie zu den Göttern persönlich Zuflucht gesucht hatte.
Die Götter verboten, sie zu töten und sagten: „Wir sind Götter und eure gottlose Nachbarschaft wird verdiente Strafe *(poetischer Plural)* erleiden. *Euch wird es gewährt werden, von diesem Übel verschont zu sein.* Verlasst nur euer Haus *(poetischer Plural)* und begleitet unsere Schritte und geht gemeinsam mit uns auf die steile Anhöhe *(poetischer Plural)* des Berges!"
Beide gehorchen *(historisches Präsens)* und, auf Stöcke gestützt, bemühen sie sich *(historisches Präsens)*, auf dem langen Anstieg zum Gipfel Schritt für Schritt voranzukommen.
Ov. Met. 8, 684 – 694

Hinweis zur Bewertung: Die Fehlergrenze für die Note ausreichend liegt bei 6 Fehlerpunkten (10 % der Wortzahl).

Zusatzaufgaben

1. *Hinweis: Vergleichen Sie den Text und Ihre Übersetzung der Verse 1–5 und vergegenwärtigen Sie sich das Bild, das man hier vor Augen hat. Beschreiben Sie dieses Bild und machen Sie deutlich, wie die Wortwahl und der Tempusgebrauch dazu passen.* (Anforderungsbereich II)

- In den Versen 1–5 stellt Ovid dar, wie Philemon und Baucis sich bemühen, ihren Gästen etwas ganz Besonderes zu bieten: Sie besitzen eine Gans, die für sie sehr wertvoll ist, da sie (anstelle eines Hundes) ihr Haus bewacht. Dass dieses Angebot ihnen schwerfallen muss, macht der Dichter deutlich durch das Attribut *unicus* (V. 1) zu *anser*: Sie besitzen nur eine einzige Gans! Für ihre bescheidenen Verhältnisse – verdeutlicht durch das Attribut *minimae* zu *villae* (V. 1) – bedeutet dieses Opfer einen großen Verlust, zumal die Gans eigentlich gar nicht zum Verzehren gedacht ist *(custodia!,* V. 1). (4 Punkte)
- Trotzdem starten sie den Versuch, die Gans zu schlachten – das Bemühen wird deutlich durch das Imperfekt *parabant* (V. 2), während die natürliche Reaktion des „Opfers", den Fängern zu entwischen, im historischen Präsens

geschildert wird: *fatigat* (V. 3) und *eludit* (V. 4). Die Gans ist flink (*ille celer penna*, V. 3), ihre Fänger sind alt und dadurch langsam (*tardos aetate*, V. 3), sie flattert ihnen immer wieder davon. Der Gegensatz wird durch die Gegenüberstellung von *celer* und *tardos* besonders deutlich gemacht. Das „Spiel" endet damit, dass sie schließlich – scheinbar – zu den Göttern flüchtet (*est visus ad ipsos confugisse deos*, V. 4/5) und diese sie „retten" (was sie sicher von vornherein vorhatten), indem sie verbieten, sie zu schlachten (*superi vetuere necari*, V. 5). (4 Punkte)

Hinweis zur Bewertung: Die Hälfte der Punktzahl wird erreicht, wenn der besondere Einsatz der Gastgeber und ihr zur Erfolglosigkeit verurteiltes Bemühen an mindestens vier Stellen durch Wortwahl und Tempusgebrauch deutlich gemacht worden sind.

2. *Hinweis: Listen Sie die Prädikate der wörtlichen Rede auf und fassen Sie sie dann z. B. in einer Tabelle zusammen. Dabei sind das Tempus bzw. der Modus ausschlaggebend. Notieren Sie auch die Person. Nun lässt sich auf die Funktion der Prädikate schließen und in Verbindung mit dem Inhalt der Kerngedanke herausarbeiten.* (*Anforderungsbereich I*)

Prädikate	Tempus/Modus	Funktion		Kerngedanke
sumus (V. 6)	Präsens (1. P. Pl.)	Aussage	→	Die Götter geben sich zu erkennen.
luet (V. 6), dabitur (V. 8)	Futur (3. P. Sg.)	Vorhersage/ Ankündigung	→	Bestrafung der gottlosen Nachbarn und Verschonung des Ehepaares
relinquite (V. 8), comitate (V. 9), ite (V. 10)	Imperativ (Plural)	Aufforderung	→	Philemon und Baucis sollen ihr Haus verlassen und mit den Göttern auf einen Berg steigen.

(9 Punkte)

Hinweis zur Bewertung: Die Hälfte der Punktzahl wird erreicht, wenn alle Prädikate nach Gruppen aufgelistet und gemäß der Aufgabe bestimmt worden sind. Weiter sollte wenigstens zu <u>einer</u> Gruppe Funktion und Kerngedanke angeführt worden sein.

3. a) *Hinweis: Informieren Sie sich in der ersten Klausur zu Ovid in diesem Band über die Anforderungen, die mit der Aufgabe einer metrischen Analyse gestellt werden.* (*Anforderungsbereich I–II*)

Metrische Analyse: V. 10: ite simul!" Parent || ambo baculisque levati

V. 11: nituntur longo || vestigia ponere clivo.

(2 Punkte)

b) 🖉 *Hinweis: Auch hier gilt das, was in der ersten Ovid-Klausur hinsichtlich der Auswertung der metrischen Analyse und des Zusammenhangs mit der Verwendung sprachlich-stilistischer Mittel gesagt worden ist.*
(Anforderungsbereich II)

- Der Leser soll hier eine Vorstellung davon bekommen, wie mühsam es für die beiden alten Menschen ist, der Aufforderung der Götter zu folgen und auf den hohen Berg zu steigen. Sie weigern sich nicht – betont durch die Aussage *parent ambo* (V. 10) und trotz ihrer Einschränkung durch das Alter – sie müssen mit einem Stock gehen (*baculis levati*, V. 10) – gehen sie mit. Auch die **Wortwahl** in V. 11 hebt hervor, wie anstrengend der Anstieg für sie ist: Das Prädikat *nituntur* in Verbindung mit der Infinitivkonstruktion *vestigia ponere* verdeutlicht das langsame und mühevolle schrittweise Vorankommen. Die Vorstellung der erforderlichen Anstrengung wird durch die Metrik unterstützt: Das Vorkommen von drei Spondeen in der ersten Vershälfte betont die Langsamkeit und Mühsal des Gehens. (4 Punkte)
- Der Weg zum Gipfel ist noch weit: Dieser Aspekt wird durch das **Hyperbaton** von *longo* zu *clivo* hervorgehoben und zusätzlich entsteht durch die Stellung des Attributs vor der Zäsur in Bezug zu dem letzten Wort des Verses *clivo* ein betonter **Binnenreim**. Gleichzeitig reimt sich *ambo* (V. 10) mit beiden Wörtern; dadurch und durch die Häufung des dunklen Vokals o – auch in *ponere* – (**Lautmalerei**) wird das Bild des mühsamen und lang dauernden Anstiegs unterstützt. (4 Punkte)

Hinweis zur Bewertung: Die Hälfte der Punktzahl wird bei Aufgabe a erreicht, wenn die Analyse für einen Vers richtig oder bei zwei Versen teilweise richtig erfolgt ist, und bei Aufgabe b, wenn die Metrik im Sinne der Aufgabenstellung hinsichtlich <u>eines</u> Aspektes ausgewertet und zumindest zwei sprachlich-stilistische Besonderheiten erkannt und beschrieben sowie in ihrer Funktion gedeutet worden sind.

4. 🖉 *Hinweis: Informieren Sie sich im Wörterbuch über die Bedeutung des Begriffs* pietas. *Machen Sie an entsprechenden Beispielen deutlich, welche Rolle die Götter spielen und welchen Stellenwert Ovid hier der* pietas *zuspricht.*
(Anforderungsbereich III)

- Die Götter wollen die Menschen auf die **Probe** stellen: Wie verhalten sie sich, wenn zwei fremde erschöpfte Wanderer um die Möglichkeit bitten, sich auszuruhen? Getestet wird also die *pietas,* das **pflichtgemäße Verhalten** gegenüber den **Mitmenschen**, in diesem Fall die **Hilfsbereitschaft** oder die Nächstenliebe. Bei diesem Test fallen alle Nachbarn von Philemon und Baucis durch. Da sie hartherzig sind und nicht einmal die Tür öffnen, werden sie entsprechend wegen ihres nicht pflichtgemäßen *(impia)* Verhaltens gegenüber den Menschen **von den Göttern bestraft**. (2 Punkte)
- **Philemon und Baucis** dagegen, die kaum für sich selbst genug haben, nehmen die Wanderer uneigennützig auf und bewirten sie. Sie überlegen

nicht lange, sondern handeln sofort und versuchen, das Beste zu geben. Sie haben die **Probe bestanden**. Ihnen kann man die *pietas* im Sinne des **pflichtgemäßen Verhaltens** gegenüber den Menschen ohne Einschränkung zusprechen. (2 Punkte)

- Auch die *pietas* als **pflichtgemäßes Verhalten** gegenüber den **Göttern** gilt für Philemon und Baucis: Als die Götter sich ihnen zu erkennen geben und sie auffordern, mit ihnen auf eine steile Anhöhe zu gehen, folgen sie dieser Aufforderung, ohne sie zu hinterfragen und ohne Rücksicht auf ihr Alter. Sie verhalten sich den Göttern gegenüber, wie diese es erwarten. (2 Punkte)

Zusatz: In ihrer „Rechtschaffenheit" empfinden sie sogar noch Mitleid mit dem Schicksal der gottlosen Nachbarn. Auch äußern sie bei dem Angebot einer Belohnung keine überzogenen Wünsche, sondern wollen im Gegenteil Dienst für die Götter leisten und bitten nur darum, gemeinsam zu sterben und auch nach dem Tod nicht getrennt zu sein. (2 Punkte)

Hinweis zur Bewertung: Die Hälfte der Punktzahl wird erreicht, wenn einerseits die Rolle der Götter und andererseits das gegensätzliche Verhalten der Nachbarn und der beiden Alten in Grundzügen herausgestellt und im Sinne der Erfüllung der *pietas* bewertet worden ist.

Klassenarbeiten Latein
Übungsaufgabe 15: Cicero I

Text

Der Senator Lucius Sergius Catilina, aus verarmtem Adel stammend, bereitet im Jahre 63 v. Chr. eine Revolution vor. Dazu hat er ein Kriegsheer aufgestellt, das in Etrurien (heute Toskana) darauf wartet, Rom einzunehmen. Cicero, dem die Pläne zugetragen worden sind, erhebt in einer Rede vor dem Senat schwere Vorwürfe gegen den anwesenden Catilina. Er fordert diesen auf, Rom zu verlassen und zu seinem Heer zu gehen. Damit soll Catilina den Beweis liefern, dass Cicero mit seinen Anschuldigungen recht hat.
Am folgenden Tag hält Cicero in diesem Zusammenhang folgende Rede:

Tandem aliquando, Quirites, L. Catilinam furentem audacia, scelus anhelantem, pestem patriae nefarie molientem, vobis atque huic urbi ferro flammaque minitantem ex urbe vel eiecimus vel emisimus vel ipsum egredientem verbis prosecuti sumus. Abiit, excessit, evasit, erupit.
5 Nulla iam pernicies a monstro illo atque prodigio moenibus ipsis intra moenia comparabitur. Atque hunc quidem unum huius belli domestici ducem sine controversia vicimus. Loco ille motus est, cum est ex urbe depulsus.
Palam iam cum hoste nullo impediente bellum iustum geremus. [...]

(78 Wörter)

Übersetzungshilfen
Z. 1 scelus anhelare: Ruchlosigkeit / Bosheit ausschnauben
Z. 2 moliri: planen
       minitari: drohen
Z. 3 ipse: *hier:* freiwillig
Z. 5 iam *(neben Verneinung)*: mehr
Z. 7 loco moveri: aus einer Stellung verdrängt werden
       cum *(m. Indikativ)*: dadurch, dass

Aufgabenstellung

Übersetzung

Übersetzen Sie den Text ins Deutsche.

Zusatzaufgaben

1. Erarbeiten Sie die aktuelle Redesituation. Führen Sie lateinische Belege an.
   (6 Punkte)

2. a) Weisen Sie anhand zwei stilistischer Mittel nach, dass Cicero Catilina als Gefahr für die römische Republik charakterisiert. (4 Punkte)
   b) Beschreiben und benennen Sie sprachlich-stilistische Besonderheiten in folgenden Textaussagen und erläutern Sie die beabsichtigte Wirkung:
   - *ex urbe vel eiecimus ... prosecuti sumus* (Z. 3)
   - *abiit ... erupit* (Z. 4)
   (9 Punkte)

3. Diskutieren Sie unter Bezug auf entsprechende Textstellen, inwieweit die Aussage zutrifft, Cicero habe während seines Konsulats den Staat aus einer Notlage gerettet. (4 Punkte)

4. Bewerten Sie die Tatsache, dass der Senat Cicero nach dem endgültigen Sieg über die Catilinarier mit dem Ehrentitel *pater patriae* auszeichnete. (3 Punkte)

Lösungsvorschläge

Übersetzung

Hinweis: Der Anfangssatz (Z. 1–3) verlangt aufgrund seiner Länge eine genaue Analyse. Achten Sie v. a. auf die Einteilung durch die beiordnenden Konnektoren. Denken Sie daran, dass Partizipien ein Beziehungswort als Subjekt zur Partizipaussage haben und Ergänzungen bzw. Erweiterungen bei sich haben können. Analysieren Sie diese entsprechend in den Zeilen 1 und 2.

(Anforderungsbereich III)

Jetzt endlich, römische Bürger, haben wir Lucius Catilina, der in Frechheit wütet, (der) Ruchlosigkeit ausschnaubt, (der) das Verderben des Vaterlandes verbrecherisch plant, (der) euch und dieser Stadt mit Schwert und Feuer droht, aus der Stadt entweder hinausgeworfen, hinausgeschickt oder ihn, als er freiwillig hinausging, mit Worten geleitet. Er ist weggegangen, ist hinausgegangen, hat sich davon gemacht, ist hinausgestürzt.

Kein Unheil mehr wird von jenem Ungeheuer und Scheusal den Stadtmauern/der Stadt selbst innerhalb der Mauern/Stadt bereitet werden. Und sicherlich haben wir diesen einen Führer/Feldherrn dieses inneren Krieges unzweifelhaft besiegt. Jener ist aus seiner Stellung verdrängt worden, dadurch, dass er aus der Stadt vertrieben worden ist. Offen werden wir jetzt mit dem Feind, ohne dass uns einer hindert, einen rechtmäßigen Krieg führen.

Cic. Catil. 2, 1 (i. A.)

Hinweis zur Bewertung: Die Fehlergrenze für die Note ausreichend liegt bei 8 Fehlerpunkten (10% der Wortzahl).

Zusatzaufgaben

1. *Hinweis: Es muss Bezug genommen werden auf den Hintergrund der vorherigen Rede Ciceros, der aus der Texthinführung zu erfahren ist. Die aktuelle Redesituation hängt eng mit den betreffenden Informationen zusammen. Stellen Sie fest, vor welcher Zuhörerschaft Cicero die Rede hält und wie der Stand der Ereignisse im „Fall Catilina" ist. Denken Sie an lateinische Textbelege.*

   (Anforderungsbereich II)

   - Cicero hält die Rede **vor der Volksversammlung**, wie man aus der Anrede *Quirites* (Z. 1) ersehen kann. Mit dieser Bezeichnung wurden die römischen Bürger in der Volksversammlung angesprochen. (1 Punkt)
   (Zusatz: Aus dem Wörterbuch lässt sich die Herkunft des Wortes entnehmen: Es kommt von dem Namen Quirinus, der ein alitalischer Gott war und später mit Romulus gleichgesetzt wurde. Die Anrede gilt als feierlich bzw. ehrend.)
   - Der Konsul hat mit seiner Rede vor dem Senat **Erfolg** gehabt. Er hat darin Catilina aufgefordert, Rom zu verlassen. Und das hat dieser wirklich getan, wie man an *Abiit ... erupit* (Z. 4) erkennen kann. Somit hat er Cicero den **Beweis** geliefert, dass dessen **Verschwörungstheorien** richtig sind. (3 Punkte)

- Cicero hat **Catilina** durch seine deutlichen Worte indirekt **aus der Stadt hinausgeworfen** (*ex urbe vel eiecimus vel ...* Z. 3) – Catilina hat die Konsequenzen gezogen (*ipsum egredientem,* Z. 3). Er kann in Rom nicht mehr länger agieren. (2 Punkte)

   Hinweis zur Bewertung: Die Hälfte der Punktzahl wird erreicht, wenn der Adressat der Rede benannt und die aktuelle Redesituation (Weggang Catilinas) – ohne Bezugnahme auf die Texthinführung – verdeutlicht und beide Aspekte durch je eine Textstelle belegt worden sind.

2. a) *Hinweis: Untersuchen Sie den Text im Hinblick auf stilistische Mittel, die den Sachverhalt bestätigen, dass es sich bei Catilina um eine Person handelt, die eine große Gefahr für die römische Republik darstellt.*
   (Anforderungsbereich II)

   - Anhand der **Metapher** *scelus anhelantem* (Z. 1) charakterisiert Cicero Catilina als verbrecherischen Menschen. Dies ist ein bildhafter Ausdruck: Bosheit lässt sich nicht ausschnauben, aber man kann einem boshaften oder ruchlosen Menschen seinen negativen Charakterzug evtl. am Gesicht ansehen. (2 Punkte)
   - Cicero hebt mit der **Alliteration** *pestem patriae* (Z. 2), die im Zusammenhang mit dem Begriff *nefarie molientem* (Z. 2) gedeutet werden muss, hervor, dass Catilina nichts anderes als den Untergang des Vaterlandes im Sinn hat. (2 Punkte)
   Alternative: Die Textstelle *vobis atque huic urbi ferro flammaque minitantem* (Z. 2) weist gleichzeitig eine **Alliteration** und eine **Metapher** auf: „Mit Feuer und Schwert drohen" ist ein bildhafter Ausdruck für die Bedrohung durch offene Gewalt, die sich vonseiten Catilinas gegen die Bevölkerung und gegen die Stadt Rom richtet. Durch die Alliteration wird die Metapher im Lateinischen besonders klangvoll.
   - Alternative: In Z. 5 enthält die Textstelle *nulla iam pernicies a monstro illo atque prodigio comparabitur* eine deutliche Charakterisierung Catilinas, die ihn als Menschen völlig abwertet: Das Hendiadyoin *a monstro illo atque prodigio* wird durch zwei Substantive gebildet, die beide ein Wesen bezeichnen, das nichts Menschliches mehr an sich hat. . (2 Punkte)

   Hinweis zur Bewertung: Die Hälfte der Punktzahl wird erreicht, wenn <u>ein</u> rhetorisches Stilmittel erkannt und beschrieben und unter dem Aspekt der Charakterisierung gedeutet worden ist.

b) *Hinweis: Gerade in einer Rede haben sprachlich-stilistische Mittel eine wichtige Funktion. Der begabte Redner Cicero wusste seine Zuhörer für sich zu gewinnen, nicht nur durch den Inhalt, sondern auch durch die Form seiner Worte. Die inhaltlichen Aspekte sind schon in Aufgabe 1 angesprochen worden – greifen Sie darauf zurück und stellen Sie dann die Gestaltung der Aussagen sowie die beabsichtigte Wirkung in den Mittelpunkt Ihrer Ausführungen.* (Anforderungsbereich I–II)

- Cicero informiert die Volksversammlung darüber, dass Catilina die Stadt verlassen hat. Diese beruhigende Tatsache wird die römischen Bürger aufatmen lassen. Dass der Erfolg auf dem **Einsatz Ciceros** beruht, wird in Z. 3 *ex urbe vel eiecimus ... prosecuti sumus* deutlich. Dabei fällt allerdings auf, dass der Redner nicht von sich in der 1. Person Singular spricht, sondern die 1. Person Plural verwendet. Er benutzt den *Pluralis maiestatis*, auch *Pluralis modestiae* genannt, wodurch er seine eigene Person in den Hintergrund stellt und die **Zuhörer**, das römische Volk, **aufwertet**, da er sie als Handelnde miteinbezieht. Er erweckt in ihnen ein „**Wir-Gefühl**", das sie mit Stolz erfüllen wird, da ihnen ein Teil des Erfolges zugesprochen wird. (3 Punkte)
- Um zu betonen, was sie gemeinsam erreicht haben, verwendet Cicero drei **synonyme** Verben, die alle die Aussage beinhalten „Wir haben Catilina aus der Stadt hinausgeschafft". Wo es gereicht hätte, einmal zu sagen *ex urbe eiecimus*, verstärkt er diese Feststellung durch eine **Antiklimax** von *eicere – hinauswerfen* über *emittere – hinausschicken* zu *verbis prosequi – mit Worten geleiten,* wobei das letzte Verb durch das Objekt *ipsum egredientem* die Tatsache betont, dass Catilina keine andere Möglichkeit mehr gesehen hat, als wegzugehen. Letztlich hat **Cicero** durch sein **Auftreten** und seine **Worte** im Senat diesen Effekt erzielt. (3 Punkte)
- Der folgende Satz (Z. 4) besteht in einer **asyndetischen** Hintereinanderreihung von Prädikaten, die die Reaktion Catilinas auf Ciceros Rede darstellen. Die vier **synonymen** Verben bezeichnen das Weggehen Catilinas in einer **aufsteigenden Klimax:** *abire – weggehen, excedere – hinausgehen, evadere – sich davon machen, erumpere – hinausstürzen.* Durch die rasche Abfolge und die Steigerung wird die **übereilte Reaktion Catilinas** für die Zuhörer besonders anschaulich gemacht. (3 Punkte)

Hinweis zur Bewertung: Die Hälfte der Punktzahl wird erreicht, wenn der Gebrauch des <u>Pluralis maiestatis</u> erkannt und gedeutet worden ist sowie die besondere Wortwahl und Anordnung bei den Prädikaten zumindest für einen Satz beschrieben und <u>zwei rhetorische Stilmittel</u> benannt worden sind. Die beabsichtigte Wirkung auf die Zuhörer sollte angedeutet worden sein.

3. ✒ *Hinweis: Sie sollen zur vorliegenden Aussage eine Argumentation entwickeln, die am Ende zu einer begründeten Bewertung führt. Nehmen Sie dabei auf wesentliche lateinische Textstellen Bezug und deuten Sie diese im Zusammenhang. Beziehen Sie in Ihre Argumentation die Begriffe „belli domestici dux" sowie „hostis" mit ein.* (Anforderungsbereich III)

Die Tatsache, dass Cicero selbst im vorliegenden Text Catilina als *belli domestici ducem* – „Feldherrn eines inneren Krieges" bezeichnet, lässt erkennen, dass die Stadt Rom und damit der Staat in großer Gefahr war: Im Innern herrschte Kriegszustand, wenigstens so lange, bis der Heerführer die Stadt verlassen hatte. Gegen einen Feind von außen – *hostis* ist der Staatsfeind: **Catilina** wurde kurz nach dieser Rede Ciceros offiziell zum **Staatsfeind** erklärt – konnte man einen rechtmäßigen Krieg führen und gewinnen. Cicero hatte einerseits aufgrund eines Senatsbeschlusses *(senatus consultum ultimum)*, der ihn mit unbeschränkter Vollmacht ausgestattet hatte, schon früh **Vorsichtsmaßnahmen** treffen und einige geplante Verbrechen verhindern können, und andererseits durch seine Rede vor dem Senat die Ausgangslage für einen **offenen Krieg** erreicht. So konnte er zu Recht von sich sagen, während seines Konsulats den Staat aus einer Notlage gerettet zu haben. (4 Punkte)

Hinweis zur Bewertung: Die Hälfte der Punktzahl wird erreicht, wenn <u>ein</u> charakteristischer Begriff angemessen gedeutet und <u>einer</u> der angeführten Betrachtungsaspekte entsprechend bewertet worden ist. Sachwissen sollte in Grundzügen deutlich geworden sein.

4. ✒ *Hinweis: Es geht darum, verständlich zu machen, wie Ciceros Leistung von der Öffentlichkeit gewertet wird. Unter Verwendung Ihres Sachwissens zum Thema „Catilinarische Verschwörung" sollen Sie eine begründete Einschätzung geben.* (Anforderungsbereich III)

Die Tatsache, dass Cicero offiziell mit dem Titel *pater patriae* – „Vater des Vaterlandes" ausgezeichnet wurde, wobei die von diesem angeordnete schnelle Hinrichtung der in Rom verbliebenen Catilinarier als Abwehr der Gefahr eine wichtige Rolle spielte, zeigt, dass die Öffentlichkeit ganz auf seiner Seite war und seine Leistung anerkannte. Er galt als **„Retter des Vaterlandes"**. (3 Punkte)

Hinweis zur Bewertung: Die Hälfte der Punktzahl wird erreicht, wenn der lateinische Begriff angemessen gedeutet worden ist. Sachwissen sollte in Grundzügen deutlich geworden sein.

Klassenarbeiten Latein
Übungsaufgabe 16: Cicero II

Text

Der Text entstammt der Anklagerede Ciceros gegen Verres, den ehemaligen Statthalter von Sizilien, der die Provinz während seiner Statthalterschaft (73–71 v.Chr.) ausgebeutet hat. Im Jahr 70 v. Chr. stand Verres in Rom vor Gericht. Die Sizilianer hatten ihn nach Ablauf seiner Amtszeit wegen Erpressung angeklagt und Cicero, der 75 v. Chr. als Quaestor in Sizilien für die Steuerabgaben an Rom zuständig gewesen war, gebeten, die Anklageführung zu übernehmen. Im vorliegenden Text spricht Cicero über Sizilien, das nach dem endgültigen Sieg Roms über die Karthager im 1. Punischen Krieg (264–241) die erste römische Provinz wurde. Damit hatte Rom zum ersten Mal ein Herrschaftsgebiet außerhalb Italiens in Besitz. Von der Südküste Siziliens aus unternahmen die Römer im Jahr 256 v. Chr. mit ihrer Kriegsflotte den ersten erfolgreichen Vorstoß nach Afrika.

Antequam de incommodis Siciliae dico, *pauca mihi videntur esse* de provinciae dignitate, vetustate, utilitate *dicenda*. Omnium nationum exterarum princeps Sicilia se ad amicitiam fidemque populi Romani applicavit. Prima omnium provincia est appellata, prima docuit maiores nostros, quam praeclarum esset exteris gentibus
5 imperare. A maioribus nostris in Africam ex hac provincia gradus imperii factus est; *neque enim tam facile opes Carthaginis tantae concidissent,* nisi illud et rei frumentariae subsidium et receptaculum classibus nostris pateret. ...
Quando illa (provincia) frumentum, quod deberet, non ad diem dedit? Quando id, quod opus esse putaret, non ultro pollicita est? Quando id, quod imperaretur,
10 recusavit? [...]

(85 Wörter; ohne die kursiv gedruckten Textstellen Z. 1/2, 6)

Übersetzungshilfen
Z. 1   incommoda, -orum n. Pl.: Leiden, Not *(entstanden durch die Verbrechen des Verres)*
Z. 1/2   *pauca ... dicenda*: scheine ich einiges sagen zu müssen
Z. 2/3   princeps, prima: *prädikativ gebraucht; ergänze:* als
Z. 5   gradus (us *m.*) imperii: der erste Schritt zur Herrschaftsausdehnung
Z. 6   *neque enim tam facile opes Carthaginis tantae concidissent*: und die so bedeutende Macht Karthagos wäre nicht so leicht zusammengebrochen (146 v. Chr. am Ende des 3. Punischen Krieges)
   illud = illa provincia
Z. 5/6   rei frumentariae subsidium: als Reserve für die Getreideversorgung
Z. 7   pateret: *übersetzen Sie als Konj. Plusquamperfekt*
   receptaculum: *ergänzen Sie „als"*
Z. 8/9   deberet, putaret, imperaretur: *im Indikativ zu übersetzen*
Z. 9   opus esse putare: für nötig halten

Aufgabenstellung

Übersetzen Sie den Text ins Deutsche.

Zusatzaufgaben

1. a) Erarbeiten Sie aus dem Satz Z. 1/2 unter Bezugnahme auf den Verres-Prozess das Thema des Textes. Führen Sie lateinische Textstellen als Belege an.
   (6 Punkte)

   b) Erläutern Sie anhand des lateinischen Textes und der Texthinführung, was Cicero mit den Begriffen *dignitas, vetustas, utilitas* (Z. 2) im Hinblick auf die Provinz Sizilien meint. (7 Punkte)

2. Stellen Sie ausgehend von der Wendung *se ad amicitiam fidemque populi Romani applicare* (Z. 3) das Verhältnis zwischen Rom und einer Provinz dar.
   (17 Punkte)

3. Belegen Sie anhand sprachlich-stilistischer Mittel in den Zeilen 8–10, dass Cicero der Provinz Sizilien einen besonderen Stellenwert beimisst. (9 Punkte)

Lösungsvorschläge

Übersetzung

🖉 *Hinweis: Der Text weist keine Schwierigkeiten bei den Satzkonstruktionen auf. Daher können Sie sich auf eine wirkungsgerechte Übersetzung konzentrieren, d. h. die Absicht des Autors/Redners in der Übersetzung nachempfinden: Worauf legt er die Betonung? Setzen Sie die erste Stelle eines Satzes auch in Ihrer Übersetzung an den Anfang und behalten Sie die sonstige Wortstellung bei, soweit es vom Deutschen her möglich ist. Cicero stellt im vorliegenden Textabschnitt einen Sachverhalt dar; das Perfekt ist also als konstatierendes Perfekt aufzufassen. Informieren Sie sich zu substantivischen Begriffen im Wörterbuch; Sie werden schnell passende Bedeutungen entdecken.* (Anforderungsbereich III)

Bevor ich von dem Leiden/der Not Siziliens spreche, *scheine ich einiges sagen zu müssen* über das Ansehen/die Würde der Provinz, ihr Alter/langes Bestehen und ihren Nutzen. Als erste von allen ausländischen Nationen hat Sizilien sich der Freundschaft und dem Schutz des römischen Volkes angeschlossen. Als erste von allen ist sie (*gemeint: diese Nation*) Provinz genannt worden, als erste hat sie unsere Vorfahren gelehrt, wie großartig es ist, über ausländische Völker zu herrschen. Von unseren Vorfahren ist von dieser Provinz aus der erste Schritt zur Herrschaftsausdehnung nach Afrika gemacht worden; *und die so bedeutende Macht Karthagos wäre nicht so leicht zusammengebrochen,* wenn nicht jene (Provinz) einerseits unseren Flotten als Reserve für die Getreideversorgung und andererseits als Zufluchtsort offengestanden hätte. ...
Wann hat jene Provinz das Getreide, das sie schuldete, nicht zum (*Ergänzen Sie: festgelegten*) Termin/termingemäß geliefert (*wörtlich: gegeben*)? Wann hat sie das, was sie für nötig hielt, nicht von sich aus versprochen? Wann hat sie das, was ihr befohlen/auferlegt wurde, verweigert? *Cic. Verr. II 2, 2 – 5 (mit Auslassungen)*

Hinweis zur Bewertung: Die Fehlergrenze für die Note ausreichend liegt bei 8 Fehlerpunkten (10 % der Wortzahl).

Zusatzaufgaben

1. a) 🖉 *Hinweis: Das Thema kann man den in Z. 1/2 vorkommenden Namen/Bezeichnungen und Kernbegriffen entnehmen. Führen Sie die charakteristischen Textstellen an. Informationen zu dem Prozess finden Sie in der Texthinführung.* (Anforderungsbereich II)

Es geht um **Sizilien**, die Provinz, die von Verres drei Jahre lang **ausgebeutet** worden ist. Im Mittelpunkt des Prozesses stehen also die **Verbrechen des Verres** an den Sizilianern, sodass man eigentlich eine ausführliche Darstellung der Leiden der Opfer (*de incommodis Siciliae*, Z. 1) erwarten könnte. Aber **Cicero** führt dem Gericht und der Zuhörerschaft zunächst vor Augen (*antequam de incommodis ... dico*, Z. 1), um welche besondere Provinz es sich gerade bei Sizilien handelt. Die **Besonderheit** begründet er mit ihrem

Ansehen (*provinciae* **dignitate**, Z. 1), ihrem Alter (***vetustate***, Z. 2) und ihrem Nutzen (***utilitate***, Z. 2). Er hält es für wichtig, dieses herauszustellen (*pauca mihi videntur esse dicenda*, Z. 1/2) – wohl, weil die Taten des Verres dadurch in einem besonders schlechten Licht erscheinen. (6 Punkte)

Hinweis zur Bewertung: Die Hälfte der Punktzahl wird erreicht, wenn ein Bezug zum Prozess hergestellt und das Thema des Textes grundlegend erfasst worden ist. Mindestens zwei Textbelege sollten zu den betreffenden Aussagen angeführt worden sein.

b) *Hinweis: Zu jedem Begriff lassen sich Gedanken im Text finden, die teilweise in der Texthinführung historisch untermauert werden. Arbeiten Sie daher diese gründlich durch und vergleichen Sie sie mit der Textübersetzung.*
(Anforderungsbereich I–II)

- Für die *dignitas,* das **Ansehen**, das die Provinz Sizilien bei den Römern genießt, kann man folgende Aspekte nennen: Sizilien hat als erstes Land die **Bezeichnung „Provinz"** erhalten *(Text Z. 3/4)*, da man mit der Eingliederung der Insel das erste Verwaltungsgebiet außerhalb Italiens besaß *(siehe Texthinführung)*. Gleichzeitig konnten die Römer zum ersten Mal die – in ihren Augen positive – Erfahrung einer **Herrschaft über andere Völker** machen *(Text Z.4/5)*. (2 Punkte)
- Der Begriff *vetustas,* der das **lange Bestehen** der Provinz meint, ist mit der Aussage zu belegen, dass Sizilien sich als erste Nation dem **römischen Volk angeschlossen** hat *(Text Z. 2/3)*; im Jahr 241 war mit dem Sieg über die Karthager Sizilien an die Römer gefallen *(siehe Texthinführung)*. (2 Punkte)
- Für die *utilitas,* den **Nutzen Siziliens für Rom**, spricht die Tatsache, dass die Insel sozusagen als Sprungbrett (Vorbereitung) für die **Herrschaftserweiterung nach Afrika** diente *(Text Z. 5)*. Der erste Vorstoß nach Afrika, das später dem römischen Herrschaftsgebiet als Provinz eingegliedert wurde, erfolgte vom Süden Siziliens aus *(siehe Texthinführung)*. Ferner ist der endgültige Fall Karthagos auch dem Vorteil zu verdanken, dass Sizilien den römischen Soldaten zur Getreideversorgung und als Zuflucht für die Kriegsflotten zur Verfügung stand *(Text Z. 6/7)*. (3 Punkte)

Hinweis zur Bewertung: Die Hälfte der Punktzahl wird erreicht, wenn für jeden Begriff ein Aspekt erläutert und durch den Text oder die Texthinführung belegt worden ist.

2. *Hinweis: Zur Lösung dieser Aufgabe benötigen Sie kulturelles Hintergrundwissen, das Sie evtl. schon durch Sachinfotexte im Lehrbuch oder durch Kommentare zur laufenden Cicerolektüre erworben haben. Gehen Sie von dem Wortlaut der lateinischen Wendung aus und stellen Sie dann die Situation – Verpflichtungen und Vorteile – beider Seiten dar. Einige lateinische Fachtermini sollten Sie beherrschen und in Ihren Ausführungen unterbringen.*
(Anforderungsbereich II)

- Die Wendung *se ad amicitiam fidemque populi Romani applicare* bezeichnet das **diplomatische Verhalten** einer freien Bürgerschaft oder eines Stammes und meint den **freiwilligen Anschluss** an den römischen Staat. Dieser Anschluss beruhte auf der Einsicht, dass es besser war, kriegerischen Auseinandersetzungen mit Rom zuvorzukommen oder sich angesichts einer drohenden Niederlage vorher zu ergeben und um Frieden zu bitten. Die Erfahrungen, die Nachbarn mit römischem Militär gemacht hatten, waren dabei mit ausschlaggebend. Die **römischen Feldherren** zeigten sich in solchen Fällen **milde**, jedoch stellten sie **Bedingungen** wie das Stellen von Geiseln zur Gewährleistung des Einhaltens des Friedens und Versorgung der Soldaten mit Getreide. (3 Punkte)
- Es gab auch den Fall, dass eine Bürgerschaft sich direkt beim römischen Senat um einen **Freundschaftsvertrag** *(amici)* bemühte. In diesem Fall blieb der betreffende Staat **unabhängig**, war aber zur **Neutralität** und im Falle eines Bundesgenossenstatus *(socii)* zur materiellen und militärischen **Unterstützung Roms verpflichtet** und genoss andererseits den **Schutz Roms** *(fides)* bei Angriffen von außen. Ein Beispiel dafür ist der Stamm der Häduer in Gallien, auf deren Romtreue Caesar zurückgreifen konnte. (3 Punkte)
- Ein Gebiet, das die Römer in einem Krieg erobert hatten, wurde zur Provinz, zu einem Verwaltungsbezirk, gemacht und in das römische Imperium eingegliedert. Eine **Provinz** war Untertanengebiet, der **Souveränität Roms unterworfen**. Das bedeutete für die Provinz, wie hier Sizilien, dass sie einem römischen Statthalter unterstand, der die Herrschaft mit unbeschränkter Vollmacht ausübte. Provinzstatthalter konnte man z. B. nach Ablauf des Konsulats werden und wurde dann Proconsul genannt oder nach Ablauf des Prätorenamtes (Rechtsprechung und Vertreter der Konsuln) als Proprätor wie hier Verres. Ein Statthalter konnte während seiner **Amtszeit** von den Provinzbewohnern **nicht gerichtlich belangt** werden – z. B. wegen Ausbeutung –, sondern erst nach deren Ablauf. Die Vertreter der Provinz benötigten einen römischen Bürger als *patronus*, der in Rom ihre Anklage vertrat – wie in diesem Fall Cicero. (3 Punkte)
- Zu den **Pflichten** einer Provinz gehörte die **Zahlung von Steuern**, von denen der Statthalter und auch die Steuereintreiber einen bestimmten Prozentsatz einbehalten durften, was oft zu willkürlicher Festsetzung, Ausbeutung und Erpressung führte, sowie die Leistung von Abgaben (10 Prozent) der wirtschaftlichen Erträge (z. B. Getreide) an Rom. Ferner musste die Provinz **Hilfstruppen** *(auxilia)* **stellen**, die von Rom in anderen Gebieten zur Grenzsicherung oder im Kriegsfall eingesetzt wurden. Die Provinz unterstand der **römischen Gerichtsbarkeit**, behielt aber ihre lokale Selbstverwaltung, ihre eigenen Gesetze und ihre Kultur. Die Amtssprache war Latein. Eine Provinz musste die Gründung von römischen Städten *(coloniae)* in ihrem Gebiet dulden, wo römische Bürger *(cives)*, z. B. Verwaltungsbeamte und Legionsveteranen, wohnten. Diese Städte zeichneten sich durch die gleichen öffentlichen Einrichtungen (Kapitol, Forum, Theater, Thermen …) und Annehmlichkeiten (Straßen, Wasserleitungen …) wie die Hauptstadt Rom aus. (5 Punkte)

- Welche **Leistungen** erbrachte Rom für die Provinzen? Die wichtigste war der **Schutz gegen äußere Feinde**, weiter garantierte Rom, dass im Innern **Friede und Ordnung** herrschten, d. h. bei inneren Streitigkeiten trat der Vertreter Roms als Vermittler auf. Die führenden Leute in der lokalen Verwaltung erhielten das begehrte **römische Bürgerrecht**, ebenso die Hilfstruppensoldaten nach Ablauf der 25-jährigen Dienstzeit. Die Vorteile einer *colonia* konnten auch die Einwohner der Provinz *(incolae)* genießen. (3 Punkte)

Hinweis zur Bewertung: Die Hälfte der Punktzahl wird erreicht, wenn die betreffende Wendung beispielhaft erläutert sowie die Besonderheit der Provinzverwaltung, die Pflichten der Provinz und die Gegenleistung Roms in Grundzügen deutlich gemacht worden sind.

3. ✐ *Hinweis: Gehen Sie vom Inhalt der Aussagen aus und machen Sie ihre Funktion im Rahmen des Textthemas bzw. der Anklagerede deutlich. Denken Sie daran, dass zu den sprachlich-stilistischen Mitteln außer den bekannten rhetorischen Stilmitteln auch die besondere Wortwahl zählt.*

(*Anforderungsbereich II*)

- In den drei Sätzen der Zeilen 8–10 macht Cicero an Beispielen die besonders **hohe Qualität** der Provinz Sizilien deutlich. Dadurch werden die Verbrechen des Verres in ein noch schlechteres Licht gesetzt und die Richter positiv gegenüber den Sizilianern als Opfer und negativ gegenüber dem Angeklagten gestimmt. (3 Punkte)
- Durch drei *rhetorische Fragen,* eingeleitet mit der **Anapher** *quando,* wird der **Vorbildcharakter** der Provinz in Bezug auf die Leistung der **Abgaben** an Rom hervorgehoben. Die Provinz ist absolut **verlässlich**: Sie hat <u>immer</u> ihren Tribut <u>termingemäß</u> (*ad diem dedit,* Z. 8) – betont durch den Begriff *ad diem* und die **Alliteration** – geleistet. Sie hat sich <u>nie</u> <u>geweigert</u>, Leistungen zu erbringen (*quando ... recusavit,* Z. 9/10) und sie hat sogar <u>von sich aus</u> (*ultro,* Z. 9) zusätzliche Leistungen, die ihrer Ansicht nach nötig waren, <u>versprochen</u> (*pollicita est,* Z. 9). Durch die Wortwahl, die die Freiwilligkeit der Tributabgaben betont, wird die **positive Haltung** der Provinz Sizilien gegenüber Rom besonders herausgestellt. (6 Punkte)

Hinweis zur Bewertung: Die Hälfte der Punktzahl wird erreicht, wenn die Funktion der betreffenden Aussagen im Sinne der Aufgabe verdeutlicht worden ist. Die positive Zeichnung Siziliens sollte an zwei rhetorischen Stilmitteln und zumindest einer sprachlichen Auffälligkeit festgemacht worden sein.

Klassenarbeiten Latein
Übungsaufgabe 17: Cicero III

Text

Cicero spricht in seiner Anklagerede gegen Verres unter anderem davon, dass dieser römische Kaufleute unter vorgeschobenen Beschuldigungen in die „Steinbrüche" von Syracus (ein Gefängnis unter freiem Himmel) werfen und dann rechtswidrig verurteilen und hinrichten ließ, obwohl sie römische Bürger waren.
Im vorliegenden Textabschnitt wird der Fall des Römers Gavius dargestellt, der aus den Steinbrüchen fliehen konnte und bis nach Messina (Hafenstadt in Nordsizilien) kam, von wo aus er mit dem Schiff nach Italien fahren wollte. In Messina fühlte er sich so sicher, dass er sich öffentlich darüber beklagte, als römischer Bürger im Gefängnis gewesen zu sein, und andeutete, er werde Verres, wenn dieser wieder in Rom sei, vor Gericht bringen. Zu seinem Unglück wusste er nicht, dass Verres in den Bürgern von Messina seine Anhänger hatte. Er wurde zur Behörde gebracht und man erstattete Verres, der an dem Tag zufällig in Messina weilte, Meldung: Es sei ein römischer Büger da, der sich beklage, dass er in den Steinbrüchen gewesen sei ...

Ipse inflammatus scelere et furore in forum venit; ardebant oculi, toto ex ore crudelitas eminebat.
Exspectabant omnes, *quo tandem progressurus aut quidnam acturus esset,* cum repente hominem proripi atque in foro medio nudari ac deligari et virgas expediri
5 iubet. Clamabat ille miser se civem esse Romanum. *(Verres lässt Begründungen des Gavius für seinen Aufenthalt in Sizilien nicht gelten, sondern wirft ihm vor, er sei als Spion entlaufener Sklaven geschickt worden.)* Deinde iubet undique hominem vehementissime verberari.
Caedebatur virgis in medio foro Messanae civis Romanus, cum interea nullus
10 gemitus, nulla vox alia illius miseri inter dolorem crepitumque plagarum audiebatur nisi haec: „Civis Romanus sum!" *(Verres lässt anschließend Gavius durch Kreuzigung hinrichten.)*

(72 Wörter; ohne die kursiv gedruckte Textstelle Z. 3)

Übersetzungshilfen
Z.1 ipse: Verres selbst/persönlich
Z.3 quo ... esset: wohin er sich denn hinreißen lassen oder was er wohl machen werde
Z.4 proripere, proripio: nach vorn reißen
Z.9 cum interea: während dabei / wobei
Z.10 inter: *hier:* bei / unter
crepitus, us *m.:* Klatschen

Aufgabenstellung

Übersetzung

Übersetzen Sie den Text ins Deutsche.

Zusatzaufgaben

1. a) Deuten Sie die Aussage *Ipse in forum venit* (Z. 1) unter Bezugnahme auf die Texthinführung. (5 Punkte)
   b) Erläutern Sie, wie Cicero die Stimmung des Verres in Z. 1/2 durch Verwendung rhetorischer Stilmittel kennzeichnet. (9 Punkte)

2. a) Untersuchen Sie den Tempusgebrauch in dem Satz Z. 3–5 hinsichtlich seiner Aussageabsicht.
   (Den kursiv gedruckten Satz brauchen Sie nicht zu berücksichtigen.) (6 Punkte)
   b) Belegen Sie im Text folgende rhetorische Stilmittel und deuten Sie die beabsichtigte Wirkung: **Polysyndeton, Hyperbaton, Alliteration**.
   (6 Punkte)

3. a) Erarbeiten Sie aus dem Text den hier vorliegenden Anklagepunkt; beschreiben und deuten Sie in diesem Zusammenhang die Wortstellung in dem Hauptsatz Z. 9. (6 Punkte)
   b) Stellen Sie die Vergehen des Verres an römischen Bürgern zusammen und bewerten Sie diese nach römischem Recht. Beziehen Sie außer dem Text auch die Texthinführung und den deutschen Schlusssatz mit ein. (7 Punkte)

Lösungsvorschläge

Übersetzung

✐ Hinweis: Achten Sie bei der Satzanalyse auf die AcI-Konstruktionen mit passivischem Infinitiv. Auffällig in diesem Text ist z.T. die Wortstellung, aber auch der Tempusgebrauch; darauf wird in den Zusatzaufgaben verwiesen. Wenn es möglich ist, versuchen Sie die Wortstellung in der Übersetzung nachzuahmen (autorengerechte Übersetzung!). Informieren Sie sich bei speziellen Substantiven im Wörterbuch; Sie werden einige hier vorkommende Textstellen und zutreffende Bedeutungen finden. *(Anforderungsbereich III)*

Verres kommt/kam, entflammt in Ruchlosigkeit und wutentbrannt (*wörtlich:* entflammt in Wut), persönlich auf das Forum; seine Augen glühten, auf seinem ganzen Gesicht zeigte sich Grausamkeit.

Es warteten alle ab, *wohin wer sich denn hinreißen lassen oder was er wohl machen werde,* als er plötzlich den Befehl gibt/gab, den Mann nach vorn zu reißen und mitten auf dem Forum zu entkleiden und ihn festzubinden und Ruten herbeizuschaffen. Jener Unglückliche rief, er sei ein römischer Bürger. (…) Darauf befiehlt/befahl er, den Mann von allen Seiten aufs heftigste zu schlagen/prügeln.

Ausgepeitscht mit Ruten wurde mitten auf dem Forum von Messina ein römischer Bürger, wobei kein Jammern, kein anderer Laut/Ausruf jenes Unglücklichen unter dem Schmerz und dem Klatschen der Schläge zu hören war außer diesem: „Ich bin ein römischer Bürger."
Cic. Verr. II 5, 161–162

Hinweis zur Bewertung: Die Fehlergrenze für die Note ausreichend liegt bei 8 Fehlerpunkten (10 % der Wortzahl).

Zusatzaufgaben

1. a) *✐ Hinweis: Machen Sie die Aussage als zwingende Reaktion des Verres deutlich, indem Sie entsprechende Informationen zur aktuellen Situation aus der Texthinführung entnehmen.* *(Anforderungsbereich I–II)*

   - Verres bekommt die **unerwartete Mitteilung**, dass ein römischer Bürger, den er ins Gefängnis geworfen hat, es geschafft hat zu **fliehen** und sich im Hafen von Messina befindet, um mit dem Schiff nach Rom zu fahren. Das kann er natürlich nicht hinnehmen: Der entflohene Häftling muss wieder eingesperrt werden und die Flucht ist als neues Vergehen zu bestrafen. (2 Punkte)
   - Hinzu kommt noch die **Information**, dass dieser Mann damit **gedroht** hat, er werde Verres vor Gericht bringen – ein zweiter Grund, gegen den Betreffenden vorzugehen, da er mit seiner öffentlichen Äußerung womöglich die **Autorität des Statthalters beeinträchtigt** hat. (2 Punkte)
   - So ist die **Reaktion** des Verres **verständlich**: Er kommt persönlich auf das Forum, um sich der Sache anzunehmen. (1 Punkt)

Hinweis zur Bewertung: Die Hälfte der Punktzahl wird erreicht, wenn die zutreffenden Informationen genannt worden sind und an einer Stelle ein Bezug zur Textaussage hergestellt worden ist.

b) *Hinweis: Beschreiben und benennen Sie auffällige rhetorische Stilmittel und deuten Sie deren Verwendung im Sinne der Aufgabenstellung.*
(Anforderungsbereich II–III)

- Verres ist voller Wut über das für ihn unfassbare Geschehen. Das macht Cicero durch die **Metapher** *inflammatus* deutlich: er ist „bis aufs Äußerste gereizt". Dazu passen die beiden Substantive im Ablativ *scelere et furore*, die hier synonym gebraucht sind und als **Hendiadyoin** mit der Bedeutung „Tücke und Tollheit" die Wut und Unbeherrschtheit des Verres verdeutlichen. (3 Punkte)
- Diese Wut zeigt Cicero auch mit der Wendung *ardebant oculi* an: das Verb ist **metaphorisch** gebraucht, in dem Sinn, dass sich in Verres' Augen die Erwartung spiegelt, gleich seine Wut an jemandem auslassen zu können. (2 Punkte)
- Ebenso verdeutlicht der Ausdruck *toto ex ore crudelitas eminebat* – das Verb ist **metaphorisch** gebraucht –, dass seine negative Grundhaltung für alle nach außen hin sichtbar ist. Die Grausamkeit steht ihm ins Gesicht geschrieben. (2 Punkte)
- Die **chiastische** Wortstellung – die Prädikate *ardebant* und *eminebat* finden sich an den betonten Außenstellen und rahmen die Subjekte *oculi* und *crudelitas* ein – betont den Aspekt, dass die Emotionen des Verres sich in seinem Gesicht, zu dem ja auch die Augen gehören, deutlich widerspiegeln. (2 Punkte)

Hinweis zur Bewertung: Die Hälfte der Punktzahl wird erreicht, wenn drei rhetorische Stilmittel beschrieben und benannt und zumindest zwei davon im Kontext gedeutet worden sind.

2. a) *Hinweis: Arbeiten Sie die sprachlichen Merkmale heraus, indem Sie die Prädikate nennen und die Tempora bestimmen. Beschreiben Sie die Tempusfunktionen im Allgemeinen und deuten Sie dann die Verwendung im Kontext. Überlegen Sie, was mit diesen sprachlichen Mitteln ausgesagt werden soll.*
(Anforderungsbereich II)

- Das Prädikat *expectabant* im Hauptsatz steht im **Imperfekt**. Das lateinische Imperfekt drückt u. a. einen **Zustand** in der Vergangenheit aus; es findet demnach **keine Handlung** statt. Im vorliegenden Text ist das der Fall: Alle warten gespannt auf die **Reaktion des wütenden Verres**, darauf, was nun geschehen wird. (2 Punkte)
- Das Prädikat *iubet* im nachfolgenden Gliedsatz steht im ***historischen Präsens***. Das historische Präsens, das auch als dramatisches Präsens bezeich-

net wird, wird in Erzählungen der Vergangenheit verwendet, um den **Höhepunkt eines Geschehens** herauszustellen. Hier wird die Spannung gelöst, die mit *exspectabant* aufgebaut worden ist: es geschieht auf einmal etwas – Verres gibt einen **Befehl**. Unterstrichen wird die einsetzende Handlung durch die Verwendung der Subjunktion *cum;* man bezeichnet dieses nachgestellte *cum* als „cum inversum – umgekehrtes cum", da das Hauptgeschehen im Gliedsatz steht. Durch den Zusatz des Adverbs *repente* wird hier dieser Eindruck noch verstärkt. (4 Punkte)

Hinweis zur Bewertung: Die Hälfte der Punktzahl wird erreicht, wenn der Tempusgebrauch im Hauptsatz und im Gliedsatz richtig benannt und die Funktion der Tempora im Allgemeinen beschrieben worden ist.

b) *Hinweis: Die genannten Stilmittel sind anhand der jeweiligen Textstelle zu belegen und im Textzusammenhang zu deuten.* (Anforderungsbereich II)

- Ein **Polysyndeton** findet man in Z. 4 in der Fortsetzung des „cum-Satzes": Hier werden die vier Infinitive des AcI, der abhängig ist von *iubet*, jeweils durch Konjunktionen verbunden: *proripi atque ... nudari ac deligari et ... expediri*. Dadurch wird jeder einzelne Aspekt des Befehls hervorgehoben und die Ausführung ist in Gedanken nachzuvollziehen. (2 Punkte)
- Ein **Hyperbaton** ist in dem Satz *Clamabat ... Romanum* (Z. 5) enthalten: *se civem esse Romanum*. Dadurch, dass das Attribut *Romanum* von seinem Beziehungswort *civem* getrennt ist und dazu noch am betonten Satzende steht, wird die Tatsache hervorgehoben, dass es sich um einen römischen Bürger handelt. (2 Punkte)
(*Zusatz:*) Unterstützt wird diese Textabsicht auch durch die auffällige Stellung des Prädikats *clamabat* am Satzanfang und das nachfolgende Subjekt *ille miser*: Gavius kann gar nicht fassen, was mit ihm geschehen soll – er ist doch schließlich ein römischer Bürger!)
- Eine **Alliteration** findet sich in dem Satz Z. 7/8: *vehementissime verberari*. Hierdurch wird die Stärke der zu erwartenden Schläge betont (*Zusatz:* gesteigert durch den Superlativ des Adverbs). (2 Punkte)

Hinweis zur Bewertung: Die Hälfte der Punktzahl wird erreicht, wenn alle rhetorischen Stilmittel gefunden und im Text belegt worden sind.

3. a) *Hinweis: In den betreffenden Textzeilen ist der Anklagepunkt, den Cicero vorbringt, enthalten. Er ist als allgemeine Behauptung zu formulieren. Das sprachliche Merkmal der besonderen Wortstellung soll im Bezug dazu gedeutet werden.* (Anforderungsbereich II)

- Der Anklagepunkt ist der Aussage *Caedebatur ... civis Romanus* (Z. 9) zu entnehmen. Er lautet: „Ein römischer Bürger ist öffentlich mit Ruten ausgepeitscht worden." Als erschwerend kommt hinzu, dass die Prügelstrafe trotz der Hinweise des Mannes, dass er römischer Bürger sei (Z. 11), fort-

gesetzt wurde. (*Zusatz:* Das Imperfekt *audiebatur* weist auf Wiederholung hin!) (3 Punkte)
- Die Wortstellung in dem Hauptsatz Z. 9 ist auffällig: Das Prädikat steht an der ersten Satzstelle, das Subjekt an der letzten. Auf das Prädikat *caedebatur* folgt die Angabe des Mittels *(virgis)*, dann des Ortes *(in medio foro Messanae)* und dann erst das Subjekt *(civis Romanus)*. So entsteht ein **Spannungsbogen** vom Prädikat zum Subjekt: Die Strafe wurde mit allem, was dazu gehört, vollzogen an einem römischen Bürger! Damit wird die **besondere Schwere** und Strafwürdigkeit dieser Tat hervorgehoben. (3 Punkte)

Hinweis zur Bewertung: Die Hälfte der Punktzahl wird erreicht, wenn der Anklagepunkt in Grundzügen formuliert worden ist und die Besonderheit der Wortstellung in Bezug auf Prädikat und Subjekt beschrieben und im Hinblick auf den wesentlichen Teil des Anklagepunktes gedeutet worden ist.

b) *Hinweis: Hier sollten Sie Sachwissen zum römischen Recht einbringen. Dass es um das römische Bürgerrecht geht, können Sie der Texthinführung und entsprechenden Formulierungen im Text entnehmen.*
(Anforderungsbereich II–III)

- Verres hat sich **besonders schwerer Vergehen** schuldig gemacht: Er hat römische Bürger (auch Gavius) **ohne ordentliche Gerichtsverhandlung** ins Gefängnis werfen und hinrichten lassen; ferner hat er im Fall des Gavius einen römischen Bürger trotz dessen Berufung auf sein Bürgerrecht auspeitschen lassen und schließlich hat er ihn mit der Kreuzigung bestraft. (3 Punkte)
- Damit hat Verres in drei Fällen gegen das **römische Bürgerrecht** *(civitas Romana)* verstoßen. Ein römischer Bürger konnte sich bei Auseinandersetzungen mit Vertretern des römischen Staates oder vor Gericht auf sein **Bürgerrecht** berufen. Dieses besagte:
  – dass **kein** Beamter an einem römischen Bürger die **Prügelstrafe** vollziehen durfte,
  – dass vor dem Vollzug eines Todesurteils dem Verurteilten der **Einspruch bei der Volksversammlung** *(provocatio ad populum)* ermöglicht werden musste,
  – dass ein zum Tode Verurteilter nicht nach „Sklavenart", also **nicht durch Kreuzigung**, hingerichtet werden durfte. (4 Punkte)

Hinweis zur Bewertung: Die Hälfte der Punktzahl wird erreicht, wenn die Verbrechen des Verres an römischen Bürgern dargestellt worden sind und zumindest in einem Fall der Bezug zum römischen Bürgerrecht hergestellt worden ist.

Notizen

Notizen

Jetzt mal **BUTTER** bei die Fische.

Feedback

Liebe Kundin, lieber Kunde,

der STARK Verlag hat das Ziel, Sie effektiv beim Lernen zu unterstützen. In welchem Maße uns dies gelingt, wissen Sie am besten. Deshalb bitten wir Sie, uns Ihre Meinung zu den STARK-Produkten in dieser Umfrage mitzuteilen:

www.stark-verlag.de/feedback

Als Dankeschön verlosen wir einmal jährlich, zum 31. Juli, unter allen Teilnehmern ein aktuelles Samsung-Tablet. Für nähere Informationen und die Teilnahmebedingungen folgen Sie dem Internetlink.

Herzlichen Dank!

Haben Sie weitere Fragen an uns?
Sie erreichen uns telefonisch **0180 3 179000***
per E-Mail **info@stark-verlag.de**
oder im Internet unter **www.stark-verlag.de**

Lernen • Wissen • Zukunft
STARK

*9 Cent pro Min. aus dem deutschen Festnetz, Mobilfunk bis 42 Cent pro Min. Aus dem Mobilfunknetz wählen Sie die Festnetznummer: **08167 9573-0**

Erfolgreich durch alle Klassen mit den **STARK** Reihen

Training

Prüfungsrelevantes Wissen schülergerecht präsentiert. Übungsaufgaben mit Lösungen sichern den Lernerfolg.

Klassenarbeiten

Praxisnahe Übungen für eine gezielte Vorbereitung auf Klassenarbeiten.

STARK in Klassenarbeiten

Schülergerechtes Training wichtiger Themenbereiche für mehr Lernerfolg und bessere Noten.

Kompakt-Wissen

Kompakte Darstellung von wichtigem Wissen zum schnellen Nachschlagen und Wiederholen.

VERA 8

Grundwissen mit Beispielen und Übungsaufgaben im Stil von VERA 8. Mit schülergerechten Lösungen.

Und vieles mehr auf www.stark-verlag.de

Pearson English Readers

Lektüren für verschiedene Niveaustufen zu spannenden Themen. Mit hilfreichen Worterklärungen.

Alle Titel zu
Pearson English Readers
www.stark-verlag.de/
english-readers

Bestellungen bitte direkt an
STARK Verlagsgesellschaft mbH & Co. KG · Postfach 1852 · 85318 Freising
Tel. 0180 3 179000* · Fax 0180 3 179001* · www.stark-verlag.de · info@stark-verlag.de

Lernen · Wissen · Zukunft
STARK

*9 Cent pro Min. aus dem deutschen Festnetz, Mobilfunk bis 42 Cent pro Min. Aus dem Mobilfunknetz wählen Sie die Festnetznummer: **08167 9573-0**